첨단과학
LIVE 과학

❽ 가상 현실 증강 현실

천재교육

LIVE 과학

글 / 박성일
1998년부터 다양한 분야의 아동 만화를 꾸준히 발표하고 있습니다. 〈Why? 교과서〉, 〈Why? 한국사〉, 〈100장면〉, 〈마법천자문 요괴 대모험〉 시리즈 등에 참여했습니다.

그림 / 김기수
어린이들이 흥미롭고 즐겁게 배우며 꿈을 키울 수 있는 만화를 그리고 있습니다. 〈마법천자문 부수마법편〉, 〈마법천자문 영문법 원정대〉, 〈LIVE 한국사〉, 〈LIVE 과학〉 시리즈에 참여하였고, 〈SCIENCE UP! 지진과 화산〉 등의 도서를 출간했습니다.

그림 / 서석근
재미와 감동을 주는 어린이 만화를 그리고 있습니다. 대표작으로는 〈수만지〉, 〈사이버 수학대전〉, 〈이이화 선생님이 들려주는 만화 한국사〉 시리즈, 〈재미있는 우주 이야기〉 등이 있습니다.

학습 구성 및 감수 / 정영식
한국교원대학교에서 컴퓨터교육과를 졸업하였습니다. 현재 전주교육대학교 컴퓨터교육과 교수로 재직하고 있습니다.

LIVE 과학 첨단과학 008 가상 현실 증강 현실

발행일: 2018년 4월 1일 초판 / 2024년 1월 2일 2쇄
발행처: (주)천재교육
기획편집: 박세경 / **책임편집:** 이유미, 김현경
글: 박성일 / **그림:** 김기수, 서석근 / **학습 구성 및 감수:** 정영식
표지 사진 제공: 셔터스톡
본문 사진 제공: 셔터스톡, 위키피디아, 픽사베이
신고번호: 제2001-000018호(1980.5.28)
팩스: 02-3282-1717 / **고객만족센터:** 1577-0902
주소: 08513 서울특별시 금천구 가산로 9길 54 / **홈페이지:** www.chunjae.co.kr

ISBN 979-11-259-7787-2 74400
ISBN 979-11-259-7779-7 74400(세트)

이 책은 저작권법에 보호받는 저작물이므로 무단 복제, 전송은 법으로 금지되어 있습니다.

추천의 글

새 과학 교육 과정의 핵심 키워드는 바로 **창의와 융합**입니다. 이제 과학 교육은 이론과 실험에 치중했던 기존 방향에서 타 과목과 연계하여 사고하고 또 새로운 아이디어를 창조하는 방향으로 변화하고 있습니다. 〈라이브 과학〉은 이러한 교육 경향에 발맞춰 기획된 학습 만화로, 한정된 분야의 지식이 아닌 **주제와 관련된 광범위한 지식의 확장을 추구하는 만화**입니다.

주인공 아라와 누리는 외계의 로봇입니다. 이들은 지구와 인간에 대해 배우러 왔다가 우연히 지구의 네트워크를 무너뜨리려는 악당과 싸우게 됩니다. 지구의 모든 것이 마냥 신기한 외계 로봇의 시선을 통해 과학 전 분야에 걸친 지식을 습득하고, 과학의 다양한 문제를 새롭게 바라보며 함께 생각할 수 있습니다.

4차 산업 혁명이 시작되는 과학의 전환기, 그 미래의 시작을 〈라이브 과학〉과 함께하시길 바랍니다.

서울교대 과학교육과 교수, 물리교육학 박사
전영석

우리는 그 어느 시기보다 빠른 변화로 인해 날마다 새로워지는 4차 산업 혁명의 시대에 살고 있습니다. 사물과 사물, 인간과 사물 등 모든 것이 연결되는 사회, 인공 지능과 로봇이 공존하는 생활이 펼쳐질 것입니다. 오늘날 최첨단의 과학 기술은 이로운 만큼 한편으로는 해킹과 바이러스 등에 공격당할 위험 요소를 가지고 있습니다. 하지만 우리가 첨단 과학이 가진 장단점을 잘 알고 대비한다면 미래가 그저 두렵기만 하지는 않을 것입니다. **과학 기술은 항상 인간의 행복을 위하여 발전해야 합니다.**

〈라이브 과학〉은 변화된 새 교육 과정에 맞춰 첨단 과학·융합 과학·통합 과학을 강조하는 전문성 있는 커리큘럼으로 구성되어 있습니다. 그중 **최신 과학 주제를 적절히 골라내어 아이들 눈높이에 맞게** 잘 녹여 냈습니다. 또한 **과학으로 미래를 준비하는 꿈나무들의 훌륭한 밑거름**이 될 지식을 잘 버무려 담았습니다. 모든 아이들이 기초부터 차근차근, 깔깔 웃으며 배우길 소망합니다.

전주교대 컴퓨터교육과 교수, 전자계산학(인공 지능 분야) 박사
유정수

이 책의 특징

1. 과학 원리 이해!

어렵고 복잡하기만 했던 과학 원리를 만화로 재미있게 익힐 수 있습니다.

첨단 과학, IT 등 최신 과학 이슈가 가득!

2. 핵심 내용이 한눈에, 인포그래픽!

과학 핵심 정보가 시각화되어 있어 정보를 빠르고 쉽게 이해할 수 있습니다.

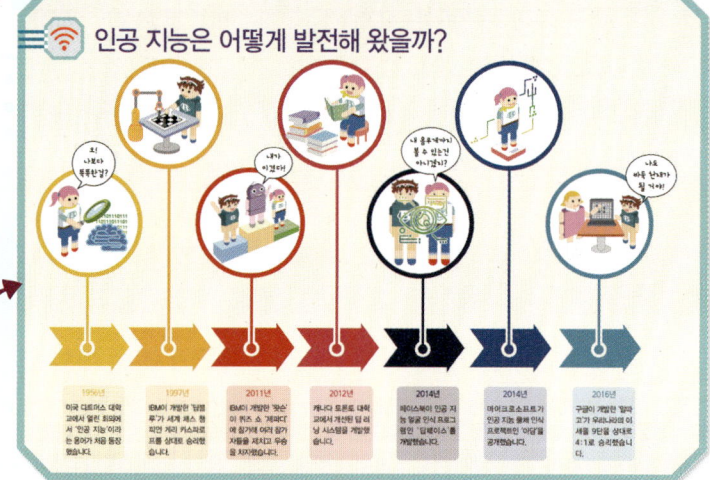

3. 사고력을 키우는 통합 과학!

수학, 역사, 음악, 미술 등 다양한 과목과 연계된 공통의 주제를 통해 지식의 폭을 넓힙니다.

경제로 과학 읽기 — 공장이 거대 컴퓨터로 변하는 스마트 팩토리

스마트 팩토리는 공장 안의 모든 장비가 센서와 무선 통신으로 연결된 첨단 공장입니다. 이곳에서는 프로그래밍이 된 기계가 물건의 생산 개수와 종류를 자동으로 계산합니다. 또 기계 고장과 불량품도 즉시 골라냅니다.
스마트 팩토리를 가장 먼저 만든 기업은 미국의 제너럴 일렉트릭입니다.

▲ 제너럴 일렉트릭의 스마트 팩토리

제너럴 일렉트릭은 에디슨이 세운 전기 조명 회사로부터 발전해 세계적인 기업이 되었어!

3D 애니메이션

2D 애니메이션

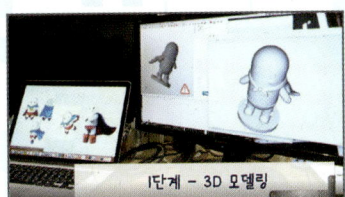
과학 동영상

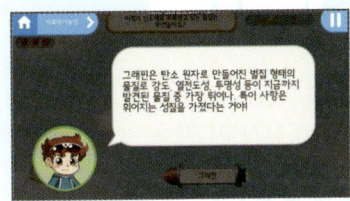
모바일 과학 게임

4 다양한 주제의 멀티미디어!
라이브 과학 애플리케이션을 이용하여 3D·2D 애니메이션, 과학 동영상 등을 만화와 함께 즐길 수 있습니다.

5 모바일 과학 게임!
만화로 얻은 지식을 재미있는 과학 게임으로 확인할 수 있습니다.

첨단 과학을 생생한 영상으로!

각 권마다 5편의 영상이 담겨 있어.

모바일 게임 다운로드는 184쪽에서!

멀티미디어 이용 방법

☆ 앱으로 라이브 영상을 감상하려면?

① QR코드를 통해 앱 설치 페이지로 이동하여 〈라이브 과학〉 앱 다운로드!

다운로드 페이지로, GO!

② 앱에서 각 권의 콘텐츠를 담은 뒤 버튼을 눌러서 카메라를 실행합니다.

③ 만화 속 '라이브 영상' 코너에서 카메라 마크가 있는 칸 전체를 비추면 해당 주제의 멀티미디어 재생!

이 마크가 있는 칸을 향해 찰칵~ 찍기만 하면 애니메이션이 짠!

차례

멀티미디어 이용 방법 …………………………………………………… 5

지난 이야기 ……………………………………………………………… 8

1장 증강 현실이란 무엇일까? …………………………………… 10

2장 증강 현실은 어떻게 활용될까? ……………………………… 34

3장 가상 현실이란 무엇일까? …………………………………… 66

4장 가상 현실은 어떤 기술들로 이루어졌을까? ………………… 108

5장 가상 현실은 어떻게 활용되고 있을까? …………………… 144

- 라이브 영상 ……………………………… 21, 56, 77, 112, 164
- 인포그래픽 핵심 과학 …………………… 30, 62, 104, 140, 180
- 플러스 통합 과학 ………………………… 32, 64, 106, 142, 182
- 도전! 과학 퀴즈 / 모바일 과학 게임 …………………………… 184
- 정답과 해설 ……………………………………………………… 196

만화 하단의 ★표시는 과학 관련 어휘, ▶표시는 일반 어휘로 구분하였습니다.

등장인물 소개

과학자 빅터들

"빅토피아는 우리가 되살린다!"

빅토피아에 살고 있는 외계인 과학자들이다. 빅토피아의 지구 데이터가 몽땅 사라지자 아라와 누리를 지구로 보내 빅토피아 살리기에 나선다.

아라

"힘 쓰는 건 자신 있어. 데이터를 꼭 모으고 말 거야!"

빅토피아에서 개발한 인공지능 여자 로봇으로, 머리보다는 주먹이 먼저 앞서는 성격이다.

누리

"지구 데이터를 얻으려면 신중해야 해!"

빅토피아에서 개발한 인공지능 남자 로봇으로, 똑똑하고 신중한 성격이다.

리얼

"가상 현실과 증강 현실에 관해 알려 줄게!"

가상 현실과 증강 현실 데이터를 수집하는 빅토피아의 정보 수집 로봇으로, 겁이 많고 고소 공포증이 있다.

우미

"도대체 아라와 누리는 누구랑 대화하는 거지?"

리얼이 첫눈에 반한 호러 하우스의 안내 로봇으로, 예담의 존재에 혼란을 느낀다.

예담

"난 호러 하우스가 하나도 무섭지 않아!"

호러 하우스에서 아라와 누리가 곤경에 처했을 때 언제든 나타나 도움을 주는 친구이다.

지난 이야기

1장 증강 현실이란 무엇일까?

★ **가상 현실** : 특정한 환경이나 상황을 컴퓨터로 만들어서 사용자가 실제로 경험하고 있는 것처럼 만들어 주는 가상 공간.

★ [10쪽] 증강 현실 : 사람들이 보는 현실 세계에 3차원의 가상 물체를 띄워서 보여 주는 기술.
▶ 미션 : misson. 맡은 일. 또는 맡겨진 일.

★ **데이터** : data. 관찰이나 조사로 얻은 사실이나 정보. 또는 컴퓨터가 처리할 수 있는 형태의 문자, 숫자, 소리, 그림 등의 모든 정보.

오성월드
오성
당신의 꿈이 이루어지는 곳

웅성 웅성

꺄르르륵

아, 너무 재밌어! 한 번 더 탈래?

벌써 세 번이나 탔잖아. 우리 좀 쉬자.

에고…

와, 저것도 재밌겠다!

누리야, 옆을 봐!

마스터봇?

덥석

덥석

▶ [12쪽] 한시가 급하다 : 매우 급하다.
▶ [12쪽] 패션 : fashion. 유행하는 옷이나 물건 등을 가리킴.

13

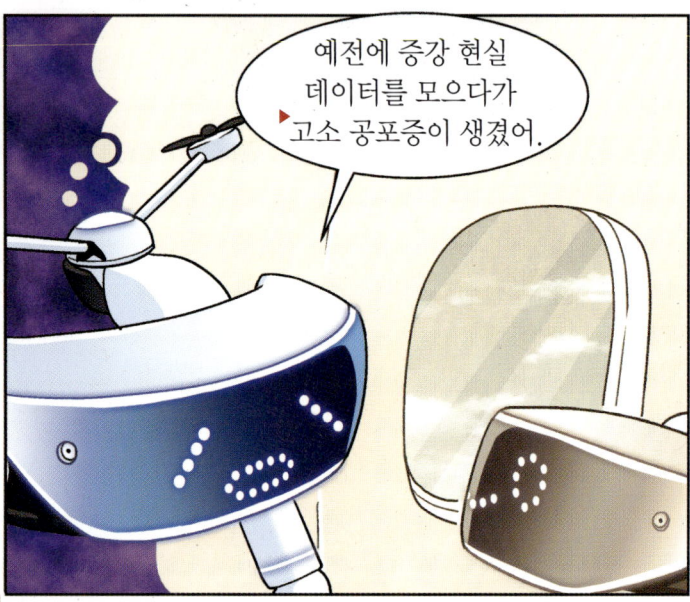

▶ **겁먹다** : 무섭거나 두려워하는 마음을 가지다.
▶ **고소 공포증** : 높은 곳에 있으면 꼭 떨어질 거 같다는 생각이 들어 두려움을 느끼는 병.

▶ [14쪽] 질색 : 몹시 싫어함.
▶ 호러 : horror. 공포.

▶ [16쪽] 마음가짐 : 마음의 자세.
▶ 오싹하다 : 소름이 끼치다.

톡톡 과학 | 혼합 현실이란 무엇일까?

혼합 현실은 현실 환경을 기반으로 가상 정보를 보여 주는 증강 현실과 가상 환경을 기반으로 현실 정보를 보여 주는 증강 가상으로 이루어진다. 특히 증강 현실은 실제 세계를 바탕으로 특정 부분만 3차원 가상 이미지를 적용함으로써 현실 세계에 가상의 정보들을 덧붙여 제공할 수 있다.

대표적인 예로 '포켓몬 고' 게임이 있다. 포켓몬 고는 스마트폰을 통해 현실 세계 이미지에 가상의 포켓몬과 몬스터볼 이미지를 덮어씌운 게임으로, 게임 앱을 실행한 스마트폰을 들고 걸어 다니며 액정 화면에 나타난 포켓몬을 잡는 방식이다.

★**모니터** : monitor. 컴퓨터 출력 장치의 하나로, 텔레비전 같은 화면에 문자나 도형을 표시함.
▶**결합하다** : 둘 이상의 사물이나 사람이 서로 관계를 맺어 하나가 되다.

★ [18쪽] 컴퓨터 그래픽 : computer graphic. 컴퓨터로 만들어진 화상이나 영상.
▶ 투명 : 속까지 환히 비치도록 맑음.

▶애니메이션 : animation. 만화나 인형을 이용하여 그것이 마치 살아 있는 것처럼 생동감 있게 촬영한 영상.

라이브 영상 증강 현실로 옷 갈아입기

증강 현실 기술이 발전함에 따라 번거롭게 직접 옷을 입어 보지 않아도 내게 꼭 어울리는 옷이 무엇인지 확인할 수 있고, 각종 액세서리도 ▶착용해 볼 수 있다.

▶ 버튼 : button. 전기 장치에 전류를 끊거나 이어 주거나 하며 기기를 조작하는 장치.
▶ 착용 : 의복, 모자, 신발 등을 입거나 쓰거나 신거나 함.

▶ **장치** : 어떤 목적에 따라 기능하도록 기계, 도구 따위를 그 장소에 장착함.
▶ **거추장스럽다** : 물건 등이 크거나 무거워 다루기 힘들다.

▶ 덤비다 : 마구 대들거나 달려들다.
▶ 스위치 : switch. 전기 장치에 전기를 끊거나 이어 주는 장치.

★[25쪽] 디스플레이 장치 : 컴퓨터 출력 장치의 하나로, 텔레비전 같은 화면에 문자나 도형을 표시함.

톡톡과학 증강 현실*디스플레이 방식에는 무엇이 있을까?

모바일 방식 스마트폰 또는 태블릿에 내장된 카메라, GPS, 각종 센서 등을 사용하여 영상을 보여 주는 방식

글라스 방식 안경 형태의 글라스를 사용하는데, 카메라,*터치 패드 등을 통해 입력된 정보를 글라스에 비추는 방식

프로젝션 방식 컴퓨터 모니터, 대형 TV 등을 사용하는 방식

★**터치 패드** : touch pad. 노트북이나 태블릿에 주로 사용되며, 마우스 대신 손가락을 이용해 직접 입력할 수 있는 장치.

▶ 얼추 : 대충.
▶ 귀신 : 죽은 사람의 넋. 유령과 같은 말.

▶ 호들갑 : 야단스러운 말이나 행동.
▶ 날쌔다 : 동작이 재빠르다.

28
▶ 실전 : 실제의 경기 등을 비유적으로 이르는 말.
▶ 규칙 : 여러 사람이 다 같이 지키기로 약속한 법칙.

▶ [28쪽] 고글 : 눈을 보호하는 데 쓰는 안경. 또는 모니터 형태의 영상 출력 장치가 적용된 기기.
▶ 건투 : 의지를 굽히지 않고 씩씩하게 잘 싸움.

인포그래픽 핵심 과학

증강 현실

증강 현실은 실제 이미지에 컴퓨터 그래픽을 겹쳐 보여줌으로써 추가 정보를 제공하는 기술이다.

증강 현실의 특징

상호 작용

실시간 정보

간단한 조작

증강 현실은 사용자와 긴밀하게 상호 작용하며 위치 정보 인식, 이미지 인식 등의 시스템을 통해 실시간으로 유용한 정보를 제공한다.

증강 현실의 역사

1968년, 미국의 컴퓨터 과학자인 이반 서덜랜드가 최초로 HMD 형태의 기기 제작

1990년, 보잉 사의 기술자 톰 코델이 '증강 현실'이라는 용어 처음 사용

1992년, 미국 암스트롱 공군 연구소에서 '버추얼 픽처'라는 증강 현실 시스템 개발

2001년, 실제 영상에 컴퓨터 그래픽을 덧씌우는 프로그램인 'AR 툴킷' 출시

1999년, NASA에서 우주선 비행 중 증강 현실을 이용한 내비게이션 사용

1994년, 오스트레일리아 예술협의회의 지원을 받은 줄리 마틴이 최초의 증강 현실 프로덕션 설립

2009년, 잡지 〈에스콰이어〉가 인쇄 매체에서 처음으로 증강 현실 사용

2012년, 일반 안경처럼 착용할 수 있는 스마트 안경 '구글 글래스' 공개

2013년, 자동차 제조업체 폭스바겐에서 증강 현실을 이용한 서비스 매뉴얼 시작

플러스 통합 과학

기술로 정보통신 읽기 증강 현실은 어떠한 기술들로 이루어져 있을까?

낯선 장소를 찾아가야 할 때 증강 현실 기술을 이용한 내비게이션을 이용하면 빠르고 정확하게 도착할 수 있어요. 내비게이션에 목적지를 입력하면 사용자가 현재 있는 곳에서 목적지까지의 이동 경로와 대중교통 탑승 정보는 물론, 걷는 중에도 길 안내를 받을 수 있지요. 즉, 스마트폰 카메라로 길거리를 비추면 증강 현실 내비게이션이 가야 할 방향을 그래픽으로 표시해 줍니다.

▲ 증강 현실 앱을 통해 주변 거리의 상점 정보를 알 수 있다.

이처럼 우리 생활에 편리함을 주는 증강 현실은 어떤 기술들로 이루어져 있을까요? 지리와 위치 정보를 송수신하는 GPS 장치, 방향을 알려 주는 디지털 나침판, 기울어진 정도를 측정하는 ▶중력 센서, 위치·방향·기울기 등의 정보를 저장할 위치 정보 시스템, 이 모든 상세 정보를 토대로 현실 배경에 표시해 주는 증강 현실 프로그램 등으로 이루어져 있어요. 이 기술들은 스마트폰, 태블릿 PC 등의 IT 기기가 있어야 활용할 수 있답니다.

스마트 폰이나 태블릿 PC가 있으면 증강 현실을 이용한 편리한 생활이 가능해.

▲ GPS 장치

▲ 디지털 나침반

▲ 중력 센서

▶중력: 지구와 물체가 서로 당기는 힘.

직업으로 정보통신 읽기 | 증강 현실 엔지니어가 되려면 어떻게 해야 할까?

평면 사진 속 사물을 증강 현실로 보려면 어떻게 해야 할까요? 먼저 사진을 실물과 똑같이 입체적으로 보이도록 홀로그램 작업을 해요. 이 사진을 컴퓨터에 인식시켜 사물의 특징을 찾아내게 한 뒤, 찾아낸 특징을 저장해 두지요. 이후 이 정보를 바탕으로 만든 애플리케이션을 IT 기기에 설치한 뒤 카메라로 이 사진을 비추면, 사진 속 특정 이미지의 홀로그램이 작동합니다.

이러한 증강 현실 기술의 안정적인 작동을 위해서는 엔지니어가 컴퓨터로 수백만, 수천만 개의 명령어를 만들어 규칙에 맞게 프로그래밍 해야 해요. 그러려면 무엇보다 **수학과 과학의 기초 공부를 열심히 해야 하지요.** 가상의 물체를 물질의 성질에 따라 자연스럽게 움직이게 하려면 여러 가지 공식을 새롭게 만들어 프로그램에 적용해야 하기 때문에 수학과 과학의 기초가 없다면 아무리 좋은 아이디어를 떠올려도 구현해낼 수 없습니다.

또한 지금은 증강 현실 기초 기술을 개발하는 단계인 만큼 **새로운 문제를 이끌어 낼 줄 아는 창의력과 문제를 해결하려는 도전 정신, 답을 찾으려는 끈기와 인내심도 갖추어야 한답니다.**

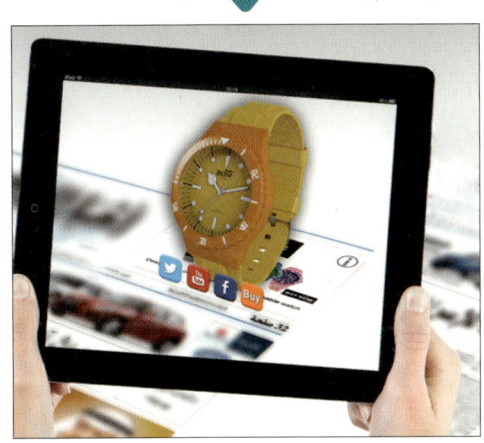

▲ 증강 현실 앱을 통해 사진 속 사물을 움직일 수 있다.

수많은 실패를 통해 해결책을 찾아내야 증강 현실 엔지니어가 될 수 있어.

2장 증강 현실은 어떻게 활용될까?

여기는 진짜 ▶으스스하다.

왠지 추운 것 같아.

철컹

덜덜덜

그러게 왜 겁도 없이 호러 하우스에 도전하냐고.

어휴, 아직도 그 소리야?

근데 어떤 게 진짜고, 어떤 게 만들어 낸 건지 구별을 못하겠어.

어쨌든 데이터를 빅토피아에 보내야 할 거 아냐.

빨리 해치워야 너도 여기 다신 안 오지.

---

34 ▶ <u>으스스하다</u> : 차거나 싫은 것이 몸에 닿았을 때 크게 소름이 돋는 느낌이 있다.
　　▶ [35쪽] 유난 : 언행이나 상태가 보통과 아주 다름.

★**컴퓨터** : computer. 전자 회로를 이용한 고속의 자동 계산기. 숫자 계산, 데이터 처리, 언어나 영상 정보 처리 등에 광범위하게 이용됨.

톡톡과학 위치 기반 서비스란 무엇일까?

위치 기반 서비스는 휴대폰이나 *GPS가 달린 사물의 위치를 정확하게 파악해 그 지점에서의 위치 정보를 제공하는 서비스를 뜻한다.

위치 기반 서비스는 많은 분야에 응용이 가능해 내비게이션, 친구 찾기, 날씨 정보, 교통 정보 등 다양한 분야에서 활용되고 있다. 예를 들어, 등산을 하다가 위험에 처했을 때 스마트폰으로 신고하면 내 위치 정보가 소방대에 연결되어 구조를 받을 수 있다.

- GPS : 사용자의 위치를 제공
- 지자기 센서 : 휴대폰이 향하는 방향을 제공

★**내비게이션** : navigation. 지도를 보이거나 지름길을 찾아 주어 자동차 운전을 도와주는 장치나 프로그램.

★[36쪽] GPS : Global Positioning System. 지구 위치 측정 체계. 인공위성을 이용해 사람이나 사물의 위치를 정확히 알아낼 수 있는 시스템.

똑똑 과학 : 큐알 코드란 무엇일까?

큐알 코드는 빠른 응답을 얻을 수 있는 기호라는 뜻으로, 작은 점들이 모인 사각형 모양을 하고 있다.
큐알 코드를 스마트폰으로 찍으면 관련된 *웹 페이지나 동영상으로 바로 연결되기 때문에 최근에는 이벤트나 모임 안내 등 다양한 용도로 사용되고 있다.

38 ★애플리케이션 : application. 스마트폰에서 실행하는 응용 프로그램으로, 사용자의 편의를 위해 개발됨. 이를 줄여 '앱'이라고도 부름.

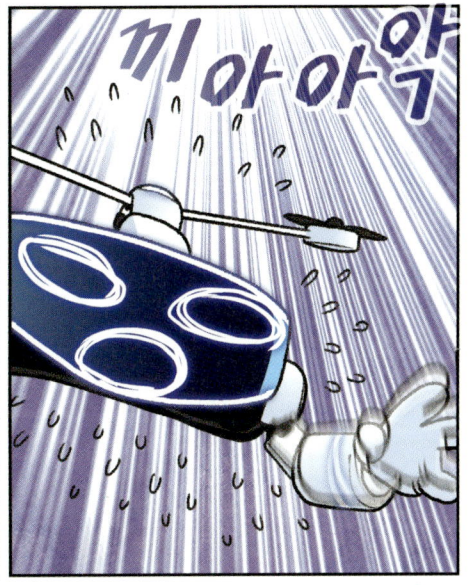

★[38쪽] 웹 페이지 : web page. 인터넷 상의 문서들을 가리키는 것으로 다양한 글과 그림, 소리, 동영상 파일도 포함시킬 수 있음.

▶레이저 : laser. 주파수가 일정한 빛을 만들어 내는 장치. 우주 무기나 위성을 파괴하는 군사 목적으로도 쓰임.

▶ 징그럽다 : 보거나 만지기에 소름이 끼칠 정도로 흉하거나 끔찍하다.
▶ 맛보다 : 직접 겪어 보다.

▶ 안부 : 어떤 사람이 잘 지내고 있는지 그렇지 않은지에 대한 소식.
▶ 갈기갈기 : 여러 가닥으로 찢어진 모양.

▶ [42쪽] 모양새 : 겉으로 보이는 모양의 상태.
▶ 화분 : 식물을 가꾸는 그릇.

▶ 열쇠 : 자물쇠를 잠그거나 여는 데 사용하는 물건.
▶ 자물쇠 : 여닫게 되어 있는 물건을 잠그는 장치.

▶ [44쪽] 영화 : 필름에 기록한 것을 스크린에 소리와 함께 보여 주는 영상물.
▶ [44쪽] 따다 : 열지 못하게 된 것을 뜯다.

▶ 복원하다 : 원래대로 회복하다.
▶ 재질 : 재료가 가지는 성질.

톡톡 과학 | 증강 현실의 해결 과제는 무엇이 있을까?

증강 현실은 실시간으로 위치와 사물을 ▶인식하여 필요한 정보를 전달하는 기술이 핵심이다. 따라서 언제나 제 위치를 인식할 수 있어야 한다. 하지만 어떤 대상을 인식해야 하는 경우, 그 대상이 움직이면 인식이 어려워지기도 한다. 설령 대상이 움직이지 않는 물체라고 해도 사람의 신체가 움직이면, 증강 현실로 제공되는 정보 또한 흔들릴 수 있다.
이러한 기술적 문제와 함께 정보 전달에 따른 개인의 사생활 침해 문제가 해결해야 할 과제로 남아 있다.

▶ 연구 : 어떤 일이나 사물에 대해 깊이 있게 조사하는 것.
▶ 인식하다 : 사물을 분별하고 판단하여 알다.

★이반 서덜랜드(1938년~현재) : 미국의 컴퓨터 과학자. 컴퓨터 그래픽, 가상 현실, 증강 현실 등과 관련한 컴퓨터 기술 개발에 앞장섬.

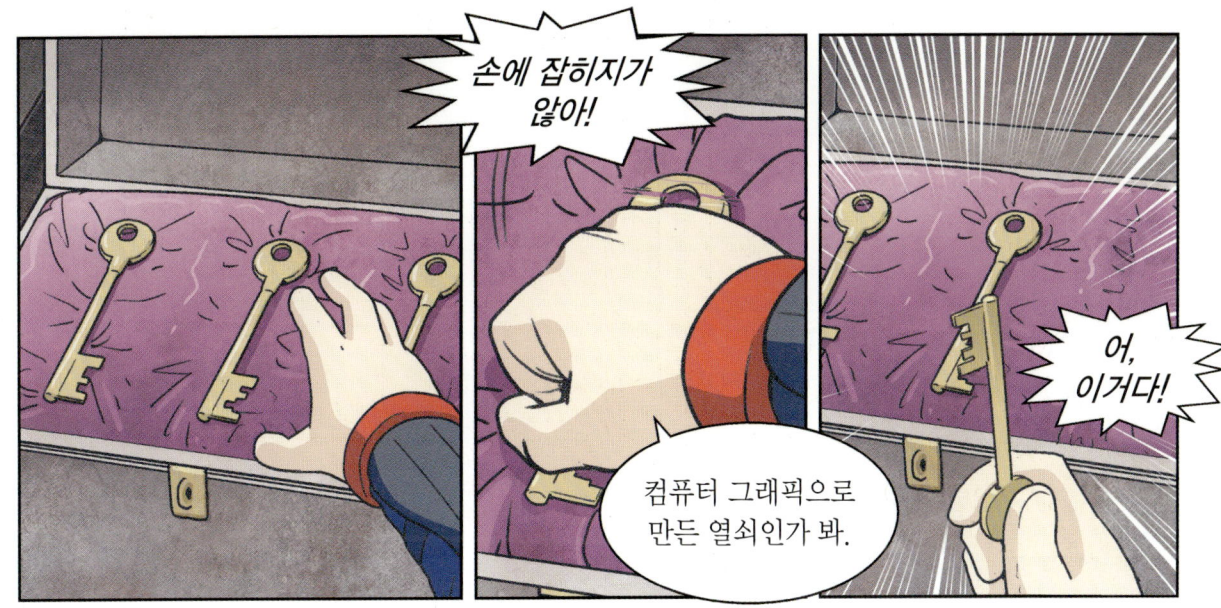

▶ **상상력** : 실제로 경험하지 않은 현상이나 사물에 대하여 마음속으로 그려 보는 힘.
▶ **지긋지긋하다** : 진저리가 나도록 몹시 싫고 괴롭다.

이곳, 진짜 무서워….

그러게. 꼭 공포 영화 속 같네.

영화 얘기를 하니 떠올랐는데, 영화에 나온 장소에 가서 스마트폰으로 촬영하면 관련 영화가 재생되는 ★모바일 앱도 있어.

그럼 한강에서 그 앱을 켜면 영화 〈괴물〉을 볼 수도 있겠네!

★**모바일** : mobile. '움직일 수 있는'이라는 뜻. 이동성을 가지고 있는 것을 가리키는데, 보통 휴대용 정보 통신 기기를 의미함.

▶ 자석 : 쇠를 끌어당기는 자기를 띤 물체.
▶ 성질 : 사물이나 현상이 가지고 있는 고유의 특성.

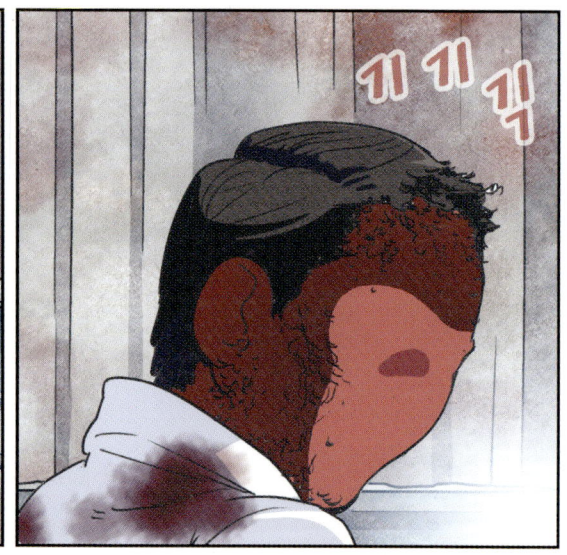

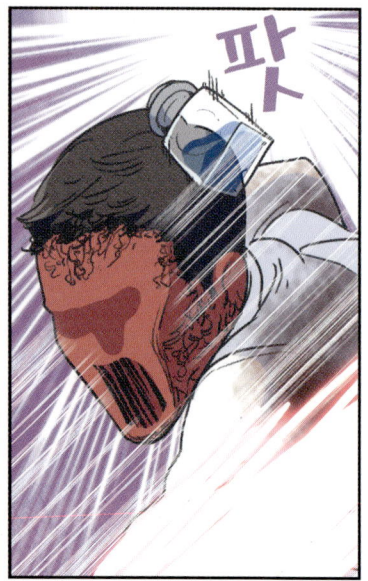

▶ **캐비닛** : cabinet. 사무용 서류나 물품 따위를 넣어 보관하는 장.
▶ **실험대** : 실험을 할 때 대상물이나 기구를 올려놓고 작업을 하는 대.

★시약 : 화학 분석을 할 때, 물질의 성분을 뽑거나 양을 재는 데 쓰는 약품. 상온에서의 상태에 따라 고체 시약, 액체 시약, 기체 시약으로 나뉨.

▶ 금속 : 쇠붙이를 일컫는 말. 굳기와 광택이 있고, 열이나 전기를 잘 전함.
▶ 암호 : 비밀을 유지하기 위하여 당사자끼리만 알 수 있도록 공유한 약속 기호.

▶ 지진 : 땅속에서 화산 활동 등이 일어나 갑자기 땅이 흔들리는 일. 지진의 진동 크기나 피해 정도에 따라 미진, 약진, 중진, 강진 등으로 나눔.

라이브 영상 우리 생활 곳곳에서 사용되는 증강 현실

증강 현실은 오늘날 ▶의료나 건축, 교육 등 점점 더 많은 분야에서 활용되고 있다. 최근에는 관광 분야에도 증강 현실이 ▶도입되어 고궁이나 유적지 등에서 스마트폰 ▶터치 하나로 다양한 정보를 접할 수 있다. 이처럼 증강 현실은 우리 생활에 편리함을 가져다주고 있어서 앞으로 또 어떤 분야에 활용되어 우리 생활에 새로운 변화를 가져올지 주목받고 있다.

▶ **번역** : 어떤 언어로 된 글을 다른 언어의 글로 옮김.
▶ **의료** : 상처나 병을 고치는 일.

▶ [56쪽] 도입되다 : 기술, 방법 등이 전해지다.
▶ [56쪽] 터치 : touch. 손을 대거나 건드림.

▶ 표 : 어떤 내용을 일정한 형식과 순서에 따라 보기 쉽게 나타낸 것.
▶ 계산 : 주어진 수나 식을 일정한 규칙에 따라 처리하여 수치를 구하는 일.

★키패드 : 컴퓨터에서 사용되는 것으로, 글자나 숫자를 입력하는 등 여러 가지 기능을 수행할 수 있도록 만들어진 독립된 작은 장치.

▶ 해골바가지 : 죽은 사람의 뼈인 해골을 속되게 이르는 말.
▶ 적당히 : 정도에 알맞게.

▶ 탈출 : 어떤 상황에서 빠져나옴.
★VIRTUAL : 가상의.

인포그래픽 핵심 과학

증강 현실을 보여 주는 위치 정보 인식 방식

① 카메라 방향과 위치 정보를 인식해 검색할 지역 설정
② ①에서 확보한 데이터를 보냄
③ 해당 지역에 관한 정보를 받음
④ 디스플레이에 부가 정보 덧씌워 표시

증강 현실을 보여 주는 마커 인식 방식

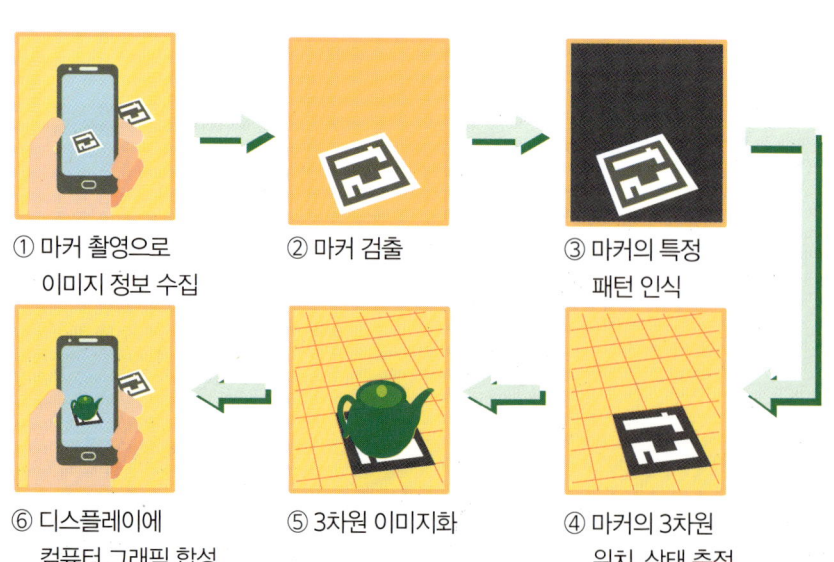

① 마커 촬영으로 이미지 정보 수집
② 마커 검출
③ 마커의 특정 패턴 인식
④ 마커의 3차원 위치, 상태 측정
⑤ 3차원 이미지화
⑥ 디스플레이에 컴퓨터 그래픽 합성

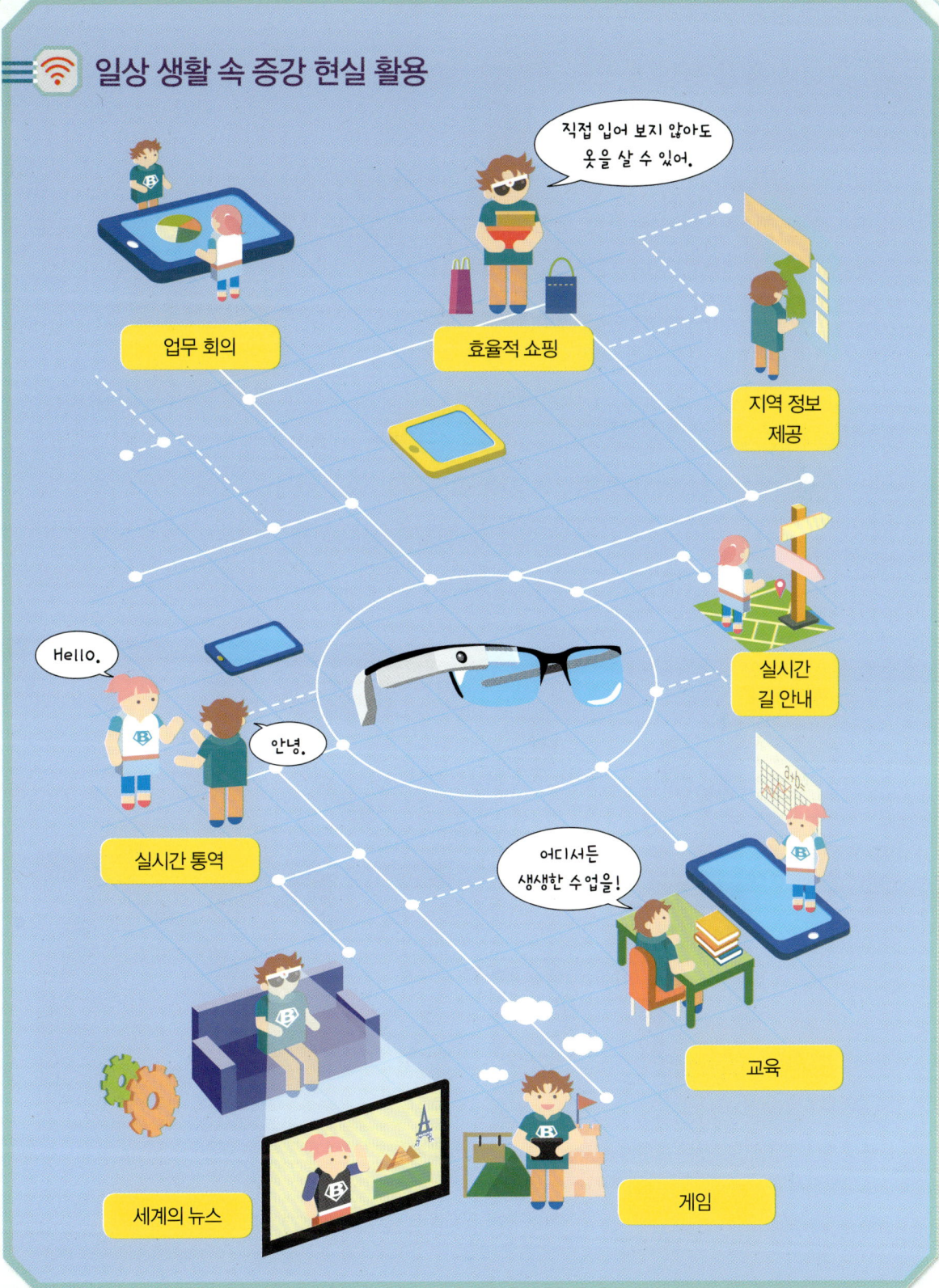

플러스 통합 과학

교육으로 정보통신 읽기 | 증강 현실이 학교 공부를 재미있게 변화시킬 수 있을까?

한동안 유행했던 증강 현실 게임 '포켓몬 고'를 기억하나요? 실내에서 스마트폰만 하던 사람들이 실외로 나와 이 게임을 즐기는 모습이 사회적으로 큰 이슈가 되기도 했습니다.

이러한 증강 현실의 재미를 학교 수업에 적용하면 어떨까요? 벽면에 투영된 물체를 공으로 맞춘다거나 장애물을 뛰어넘으며 게임을 하듯 흥미로운 체육 시간을 보낼 수 있을 거예요. 또한 평면적인 책 대신 입체적인 홀로그램으로 인체의 장기와 조직을 살펴볼 수 있게 된다면 생물 시간이 더 이상 지루하게 느껴지지 않을 것입니다.

교육학자인 에드거 데일의 학습 이론에 따르면, 가장 효과적인 학습이란 직접 움직이고 생각하며 배우는 능동적인 학습이라고 해요. 학습 방법에 따라 2주 뒤 배운 것을 기억해 내는 정도가 매우 다른데, 일반적으로 사람은 읽기만 했을 때 10%밖에 기억해 내지 못하는 반면 실제로 경험하거나 모의실험을 해 보았을 때는 무려 90%를 기억해 낸다고 합니다.

▲ 증강 현실 게임인 포켓몬 고(Pokemon GO)
스마트폰을 들고 걸어 다니며 화면 속에 출몰하는 포켓몬을 잡는 게임이다.

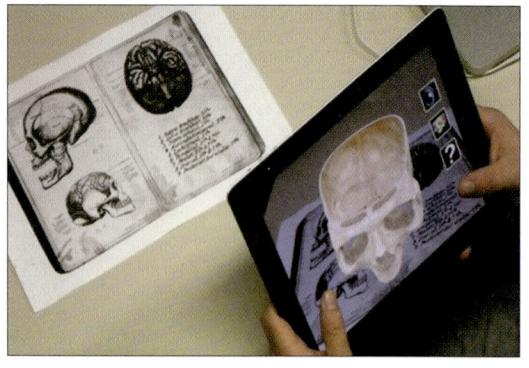

▲ 증강 현실로 보는 인체 모형
증강 현실 기술로 평면적인 인체 모형을 상하좌우에서 입체적으로 관찰할 수 있다.

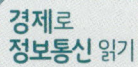 **쇼핑의 번거로움을 증강 현실이 해결해 줄 수 있을까?**

증강 현실 거울은 거울에 비친 사용자의 모습에 가상의 옷을 자동으로 입혀 주는 매우 스마트한 거울이에요. 사용자의 움직임, 얼굴, 음성 등 신체 정보를 카메라 센서 등으로 감지해 3차원 가상 공간에 구현하는 동작 인식 센서가 탑재되어 있어서 거울에 비친 사용자의 신체 사이즈를 자동으로 측정해 실제로 옷을 입었을 때 어떤 모습일지 보여 주지요.
이 증강 현실 거울을 이용하면 **쇼핑할 때 자신에게 어울리는 옷을 고르기 위해 직접 입고 벗는 번거로움을 줄일 수 있습니다.**

▲ 증강 현실 거울을 이용하면 옷을 고를 때 갈아입는 번거로움을 줄일 수 있다.

▲ 증강 현실을 통해 가구를 구매하기 전 미리 배치해 볼 수 있다.

세계적인 가구 회사 이케아에서는 고객이 가구를 구매하기 전 집에 미리 배치해 볼 수 있도록 증강 현실 앱을 제작했어요. 스마트폰이나 태블릿 PC로 사고자 하는 의자, 테이블, 소파 등을 미리 원하는 공간에 실제로 꾸미듯 배치해 볼 수 있게 만든 것인데, 가구뿐만 아니라 예쁜 인테리어 소품까지도 다양하게 배치해 볼 수 있습니다.
특히 이 가구 회사의 증강 현실 앱이 주목받는 이유는, **고객들에게 자신의 집에 어울리는 가구를 고를 수 있도록 도움을 주는 효과 외에도, 고객들이 미리 배치해 본 뒤 가구를 구매하기 때문에 교환이나 환불이 줄어들어 가구 회사의 실적에도 좋은 효과를 주고 있기 때문이랍니다.**

3장 가상 현실이란 무엇일까?

▶ **로봇** : robot. 어떤 작업이나 조작을 자동적으로 해 나가는 기계 장치.
▶ **겁쟁이** : 겁이 많은 사람을 낮잡아 이르는 말.

▶ 도우미 : 남에게 봉사하는 사람. 또는 어떤 일을 거들어 주기 위해 채용된 사람.
▶ 힌트 : hint. 어떠한 일을 해결하는 데 실마리가 되는 것.

톡톡 과학 가상 현실이란 무엇일까?

가상 현실(Virtual Reality, VR)은 컴퓨터 그래픽 등을 통해 현실이 아닌 환경을 마치 현실과 흡사하게 만들어 ▶간접 체험할 수 있도록 하는 기술이다. 즉 사람들이 일상적으로 경험하기 어려운 환경을 직접 체험하지 않고도 그 환경에 들어와 있는 것처럼 보여 주고 조작할 수 있게 해 준다.

1980년대 들어 컴퓨터 그래픽과 인공지능의 발달로 본격적인 연구가 시작된 가상 현실은 많은 발전을 거듭하며 현재 여러 산업 분야에서 이용되고 있다.

▶ **흡사하다** : 거의 같을 정도로 비슷하다.
▶ **간접** : 중간에 연결해 주는 사람이나 사물 등을 통하여 맺어지는 관계.

▶ **무빙워크** : moving sidewalk. 사람이나 화물이 자동적으로 이동되도록 만든 경사진 길 모양의 장치.

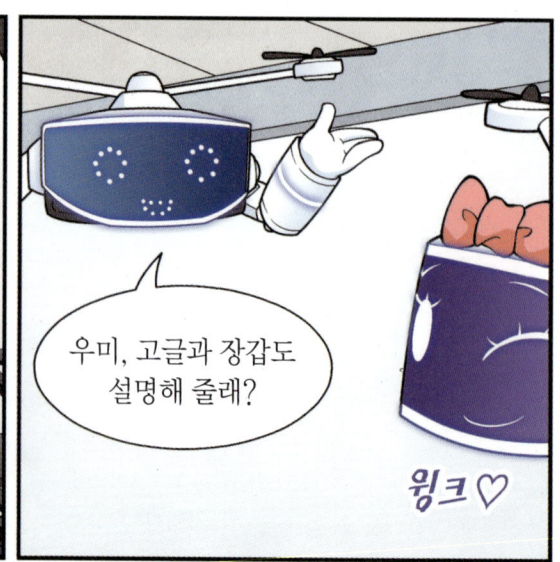

★HMD : Head Mounted Display. 안경처럼 머리에 쓰고 영상을 즐길 수 있는 영상 표시 장치.
▶동원하다 : 어떤 목적을 달성하고자 사람을 모으거나 방법 등에 집중하다.

▶ [70쪽] 아이템 : 무기, 장신구, 음식물 등 원활한 게임 플레이를 돕는 물건.
▶ [70쪽] 보관함 : 물품을 간직하고 관리하기 위해 넣어 두는 곳.

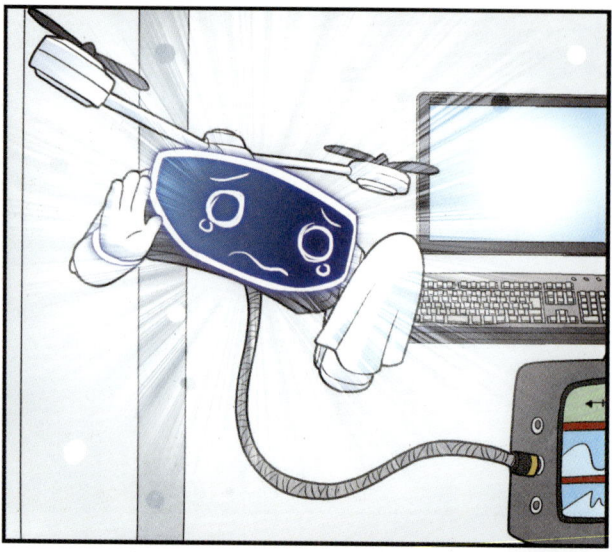

▶ 순식간 : 눈을 한 번 깜짝하거나 숨을 한 번 쉴 만한 아주 짧은 동안.
▶ 순간 이동 : 순식간에 다른 공간으로 이동하는 기술. 텔레포트(Teleport)라고도 함.

▶ 공동묘지 : 여러 사람이 공동으로 쓸 수 있게 일정한 곳에 마련하여 둔 묘지.
▶ 눅눅하다 : 축축한 기운이 약간 있다.

▶ **제자리걸음** : 상태가 나아가지 못하고 한 자리에 머무르는 일. 또는 그런 상태.
▶ **실감** : 실제로 체험하는 느낌.

▶ 안개 : 공기 중에 아주 작은 물방울이 부옇게 떠 있는 현상.
▶ 당최 : 아무리 해도.

▶ 무덤가 : 무덤의 가장자리.
▶ [77쪽] 시야 : 시력이 미치는 범위.

라이브 영상 — 가상 현실과 증강 현실의 차이점

구분	가상 현실	증강 현실
사용자 시야	완전히 가림	가리지 않음
그래픽 방식	100% 컴퓨터 그래픽	현실 + 컴퓨터 그래픽
사용자 이동 여부	고정식 기기 사용으로 거의 이동하지 않음	이동하며 사용하는 경우가 많음
주요 사용 기술	시각·청각 관련 기술	위치 처리, 카메라 인식, ★데이터 처리

▲ 가상 현실 VS 증강 현실

"누리야, 십자가 아이템을 써 봐."

"맞아, 그게 있었지!"

보관함

★ 데이터 처리 : data processing. 주어진 데이터에서 필요한 정보를 얻기 위하여 데이터를 대조·분류·집계하는 일.

▶ **십자가** : 기독교도를 상징하는 '十' 자 모양의 표. 예수가 모든 사람의 죄를 대신해 십자가에 못 박혀 죽은 데서 유래함.

▶ 동양 : 아시아의 동부 및 남부를 이르는데 한국, 중국, 일본 등이 있음.
▶ 드라큘라 : 영국의 작가 스토커(Stoker, B)가 지은 괴기 소설에 나오는 흡혈귀의 이름.

▶ 가만두다 : 건드리거나 상관하지 않고 그대로 두다.
▶ 검색하다 : 책이나 컴퓨터에서 목적에 따라 필요한 자료들을 찾아내다.

▶ [80쪽] **정보** : 관찰 등을 통해 얻은 자료를 실제 문제에 도움될 수 있도록 정리한 지식.
▶ [80쪽] **탈락** : 범위에 들지 못하고 떨어지거나 빠짐.

▶ 각오하다 : 앞으로 해야 할 일이나 겪을 일에 대한 마음의 준비를 하다.
▶ 공격 : 나아가 적을 침.

▶ 약점 : 모자라서 남에게 뒤떨어지거나 떳떳하지 못한 점.
▶ 쓸모 : 쓸 만한 가치.

▶ 보물 : 귀한 가치가 있는 물건.
▶ 순순히 : 성질이나 태도가 매우 고분고분하고 온순하게.

▶ **통로** : 통하여 다니는 길.
▶ **출입구** : 나왔다 들어왔다가 하는 문.

▶[87쪽] 늪 : 땅바닥이 우묵하게 뭉떵 빠지고 늘 물이 괴어 있는 곳. 진흙 바닥이고 침수 식물이 많이 자람.

▶ **리얼하다** : real. 현실과 같은 느낌이 있다. 또는 사실적이다.
▶ **물어보다** : 무엇을 밝히거나 알아내기 위하여 상대편에게 묻다.

▶ [89쪽] **사면초가** : 아무에게도 도움을 받지 못하는, 외롭고 곤란한 지경에 빠져 있는 형편을 이르는 말.

▶ **진퇴양난** : 이러지도 저러지도 못하는 어려운 처지.
▶ **사자성어** : 한자 네 자로 이루어진 말. 교훈이나 유래를 담고 있음.

▶ 밧줄 : 굵게 꼰 줄.
▶ 참가자 : 모임이나 이벤트 등에 참가하는 사람.

▶ **맨홀** : manhole. 땅속에 묻은 수도관이나 하수관 등을 검사하고 수리 또는 청소하기 위하여 사람이 드나들 수 있게 만든 구멍.

▶ **좀비** : 마술적인 방법으로 죽다가 다시 살아난 시체들. 인간의 모습을 하고 있지만 시체라서 몸이 썩고 있음.

▶ **사방** : 동, 서, 남, 북 네 방위를 통틀어 이르는 말.
▶ **막다르다** : 더 나아갈 수 없도록 앞이 막혀 있다.

▶ **연구실** : 어떤 연구를 전문으로 하기 위하여 학교나 기관에 설치한 방.
▶ **개발하다** : 새로운 물건을 만들거나 새로운 생각을 내어놓다.

★[94쪽] 바이러스 : virus. 동물, 식물, 세균 등 살아 있는 세포에 기생하고, 세포 안에서만 증식이 가능한 미생물.

▶ **구린내** : 똥이나 방귀 냄새와 같이 고약한 냄새.
▶ **반응** : 자극에 대응하여 어떤 현상이 일어남.

▶ [96쪽] 청력 : 귀로 소리를 듣는 힘.
▶ 터치하다 : 손을 대거나 건드리다.

▶ 작전 : 어떤 일을 이루기 위하여 필요한 조치나 방법을 구함.
▶ 성공 : 목적하는 바를 이룸.

▶ 쥐 죽은 듯 : 매우 조용한 상태를 비유적으로 이르는 말.
▶ 재채기 : 코 속의 이물질을 내보내기 위하여 순간적으로 격렬하게 숨을 뿜어내는 행동.

▶ 리플레이 : replay. 재현.
▶ 떠들다 : 시끄럽게 큰 소리로 말하다.

▶ 황폐 : 집, 토지 등이 거칠어져 못 쓰게 됨.
▶ 늪지대 : 늪이 많은 지대.

▶목숨 : 게임에서 플레이어가 게임을 할 수 있는 정도를 나타내는 수치. 본래의 뜻은 인간의 수명을 나타냄.

▶ 은신하다 : 몸을 숨기다.
▶ 역공 : 공격을 받던 편에서 거꾸로 맞받아 하는 공격.

인포그래픽 핵심 과학

📶 가상 현실

컴퓨터 그래픽을 통해 현실이 아닌 환경을 현실처럼 만들어 내어, 사용자가 실제처럼 생각하고 보이게 해 주는 기술이다.

현실 공간 　　　　　 가상 공간

📶 가상 현실, 증강 현실, 혼합 현실의 구분

혼합 현실 (Mixed Reality)

현실 (Reality)
100% 현실

증강 현실 (Augmented Reality)
현실 정보에 가상 정보를 보탬

증강 가상 (Augmented Virtuality)
가상 정보에 현실 정보를 보탬

가상 현실 (Virtual Reality)
100% 가상

가상 현실 VS 증강 현실

증강 현실은 실제 존재하는 환경에 가상의 이미지를 겹쳐 보여 주지만, 가상 현실은 완전히 가상의 이미지만을 보여 준다.

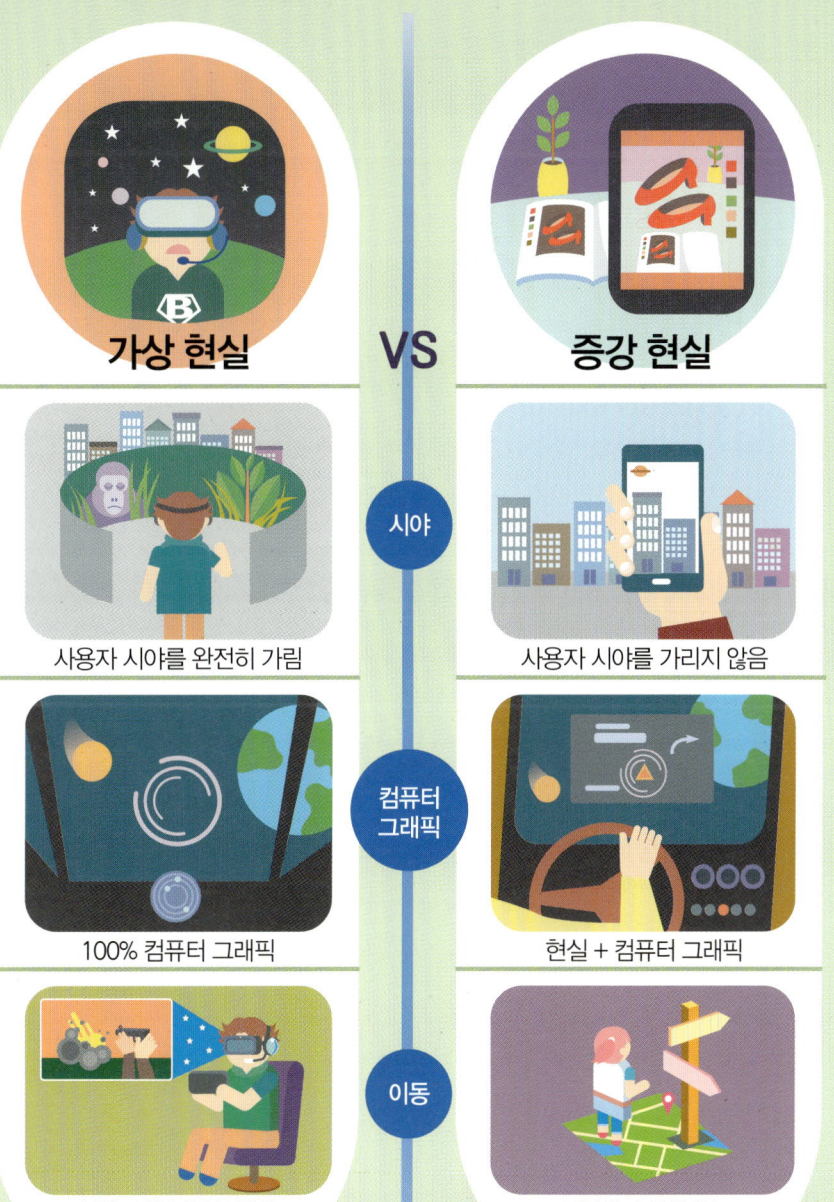

플러스 통합 과학

기술로 정보통신 읽기 | 가상 현실의 핵심 기술은 무엇일까?

가상 현실이란 컴퓨터로 인공적인 환경을 만들어서 사용자가 마치 실제 상황인 것처럼 느끼게 하는 기술을 말해요. 말 그대로 현실이 아닌 가상의 세계를 말하는데, 일상에서 경험하기 힘든 환경을 체험할 수 있게 해 주지요.

지난날 가상 현실이 처음 등장했을 때, 놀랍도록 획기적인 기술임에도 값비싼 장비 때문에 널리 퍼지지는 못했습니다. 하지만 스마트폰의 발달과 보다 저렴한 장비들이 출시되면서 다시 주목받기 시작했어요.

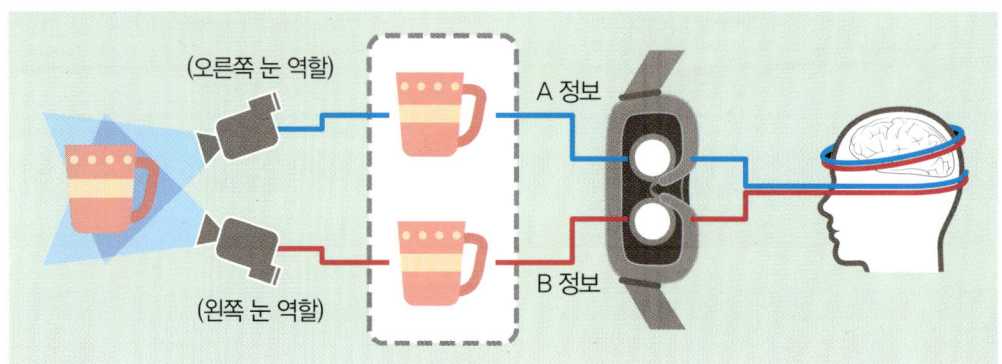

▲ 카메라 두 대로 촬영한 영상은 사용자의 눈을 통해 전달되고, 사용자의 뇌에서는 이 영상 정보를 조합해 입체로 인식한다.

사람의 눈은 일반적으로 왼쪽 눈과 오른쪽 눈의 사이가 약 40mm 떨어져 있지요. 이 때문에 양쪽 눈에 보이는 영상에 차이가 생기게 되고, 이 차이로 우리는 입체감을 느낄 수 있는 것이에요.

이러한 차이를 이용한 것이 바로 가상 현실인데, **가상 현실 기기에 달린 두 개의 렌즈에 각도가 다른 영상을 재생시켜 그 영상을 바라보는 사용자가 현실처럼 입체적으로 받아들이게 만드는 것이 핵심 기술입니다.** 그래서 가상 현실 기기가 대부분 양쪽 눈으로 볼 수 있는 고글 형태로 개발되는 것입니다.

▲ 게임 산업 위주로 발달해 온 가상 현실은 더욱 다양한 산업 분야에서 활용될 것이다.

증강 현실과 가상 현실이 바꿀 미래는 어떤 모습일까?

증강 현실과 가상 현실 기술의 가장 큰 특징 중 하나는 공간의 제약이 없다는 점이에요. 이를 이용해 서로 다른 공간에 있는 사람들이 효율적으로 일처리를 할 수 있지요.

예를 들어 제품 디자이너와 엔지니어는 증강 현실과 가상 현실 환경에서 함께 디자인을 평가하고 부품을 조정하며 여러 가지 대안을 비교하는 과정을 통해 최적의 제품을 생산할 수 있습니다.

▲ 증강 현실을 통해 작업 과정에서의 결함을 찾아낼 수 있다.

그리고 제조 시스템의 효율화에도 증강 현실과 가상 현실 기술을 적극 활용할 수 있어요. 실제와 거의 동일한 작업 단계를 계획하고 시험하면서 가장 효율적인 방법을 찾아낼 수 있기 때문이지요. 사람들은 눈앞에 현실처럼 표현된 가상의 작업 과정을 살펴보며 이를 분석하고 잘못된 부분은 즉석에서 수정할 수 있습니다.

또한 관광 산업이나 홍보 분야에서 서비스 질과 흥미를 향상시키는 데에도 적극 이용할 수 있어요. 증강 현실을 통해 관광지를 소개하고, 가상 현실을 통해 체험하게 함으로써 관광객의 만족도를 높일 수 있답니다.

▲ 증강 현실을 통한 관광지 안내 서비스

▲ 가상 현실을 접목한 관광지의 놀이기구

4장 가상 현실은 어떤 기술들로 이루어졌을까?

다행히 우리 뒤를 쫓아온 좀비는 없어.

아라야, 팔은 좀 어때?

상처가 계속 덧나잖아!

- ▶ **덧나다** : 병이나 상처 등을 잘못 다루어 상태가 더 나빠지다.
- ▶ **[109쪽] 내버리다** : 관심을 가지지 않고 돌보지 않는다.

▶ 최강 : 가장 강함.
▶ 골똘하다 : 한 가지 일에 온 정신을 쏟아 딴생각이 없다.

▶ 진수성찬 : 푸짐하게 잘 차린 맛있는 음식.
▶ [111쪽] 식탐 : 음식을 탐냄.

▶ 식욕 : 음식을 먹고 싶어 하는 욕망.
▶ 해독제 : 몸 안에 들어간 독성 물질의 작용을 없애는 약.

라이브 영상 가상 현실에 적용되는 사람의 인지 체계

실제와 흡사한 환경을 만들어 가상과 현실의 벽을 줄이기 위한 기술이 여러 방면으로 개발되고 있다. 그중 사람의 인지 체계의 기본인 다섯 가지 감각(시각, 청각, 후각, 촉각, 미각)을 가상 현실에 적용하기 위한 연구가 활발히 진행되고 있다.

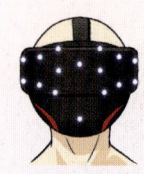
▲ 시각, 청각, 후각을 자극하는 헬멧형 기기

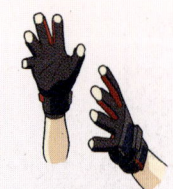
▲ 촉각을 담당하는 장갑

▲ 미각을 자극하는 컵과 스푼 (테이스트 기기)

▶ **미각** : 맛을 느끼는 감각.
▶ **인지** : 자극을 받아들이고, 저장하고, 끌어내는 일련의 정신 과정.

▶ **썩다** : 세균에 의하여 분해됨으로써 원래의 성질을 잃어 나쁜 냄새가 나고 형체가 뭉개지는 상태가 되다.

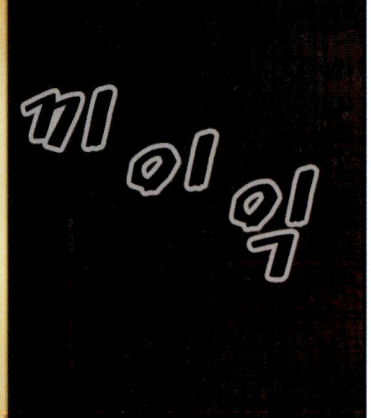

▶ **평범하다** : 뛰어나거나 색다른 점 없이 보통이다.
▶ **기괴하다** : 외관이나 분위기가 괴상하고 기이하다.

▶ 시체 : 죽은 사람의 몸.
▶ 끔찍하다 : 정도가 지나쳐 놀랍다.

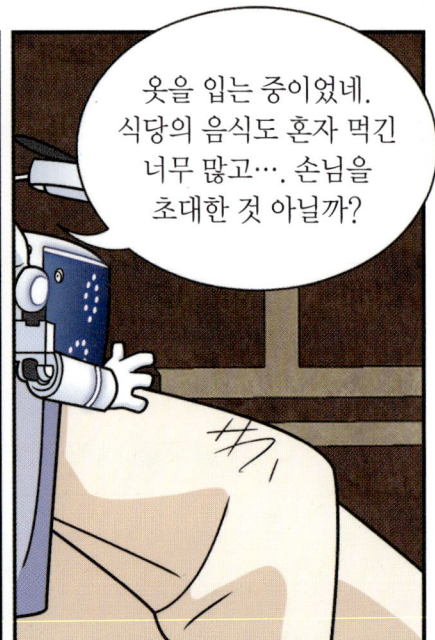

▶ **추리 소설** : 범죄 사건에 대한 수사를 주된 내용으로 하며 그 사건을 추리하여 해결하는 과정에 흥미의 중점을 두는 소설.

▶ [116쪽] 광 : 열광적으로 정신을 쏟는 사람이라는 뜻.
★ 입력 : 문자나 숫자를 컴퓨터가 기억하게 하는 일.

▶ 신중 : 매우 조심스러움.
▶ 멋대로 : 아무렇게나 하고 싶은 대로.

▶ 의논 : 어떤 일에 대하여 서로 의견을 주고받음.
▶ 자국 : 다른 물건이 닿거나 묻어서 생긴 자리.

▶ **제약** : 약재를 섞어서 약을 만듦.
▶ **유포되다** : 세상에 널리 퍼지다.

▶ [120쪽] 백신 : 전염병에 대하여 인공적으로 면역을 주기 위해 투여하는 물질.
▶ 주입하다 : 흘러 들어가도록 부어 넣다.

▶유령 : 죽은 사람의 혼령이 생전의 모습으로 나타난 형상.
▶억울 : 아무 잘못 없이 꾸중을 듣거나 벌을 받거나 하여 분하고 답답함.

▶ 밝히다 : 드러나지 않거나 알려지지 않은 사실, 내용 등을 드러내 알리다.
▶ 사망 : 사람이 죽음.

▶ 억지 : 잘 안될 일을 무리하게 기어이 해내려는 고집.
▶ 지껄이다 : '말하다'를 낮잡아 이르는 말.

▶[124쪽] 지옥 : 큰 죄를 짓고 죽은 사람들이 끝없이 벌을 받는 곳.
▶범인 : 범죄를 저지른 사람.

- ▶풍경 : 어떤 정경이나 상황.
- ▶퇴치 : 물리쳐서 아주 없애 버림.

▶ [126쪽] 몸단장 : 몸을 보기 좋고 맵시 있게 하려고 하는 치장.
▶ 모서리 : 물체의 모가 진 가장자리.

▶ 행운 : 좋은 운수 또는 행복한 운수.
▶ 저승 : 사람이 죽은 뒤에 그 혼이 가서 산다는 세상.

▶ [128쪽] 안쓰럽다 : 약자의 딱한 형편이 마음이 아프고 가엽다.
▶ [128쪽] 형식 : 일을 할 때의 일정한 절차나 양식.

▶ 운 : 이미 정하여져 있어 인간의 힘으로는 어쩔 수 없는 일.
▶ 금고 : 도난을 막기 위하여 서류, 귀중품 등을 보관하는 데 쓰는 네모난 그릇.

▶ 점검 : 낱낱이 검사함. 또는 그런 검사.
▶ 번지다 : 병이나 불, 전쟁 등이 차차 넓게 퍼져가다.

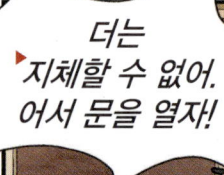

▶ 지체 : 때를 늦추거나 질질 끎.
▶ 굴뚝같다 : 바라거나 그리워하는 마음이 몹시 간절하다.

▶ [132쪽] 마찬가지 : 사물의 모양이나 일의 형편이 서로 같음.
▶ 천재 : 선천적으로 남보다 훨씬 뛰어난 재주 또는 그런 재능을 가진 사람.

▶ 데자뷔 : 한 번도 경험한 일이 없는 상황이나 장면이 언제, 어디에선가 이미 경험한 것처럼 친숙하게 느껴지는 일.

▶ [134쪽] 삼십육계 줄행랑이 제일 : 위험이 닥쳐 몸을 피해야 할 때에는 싸우거나 다른 계책을 세우기보다 우선 피하는 것이 상책이라는 말.

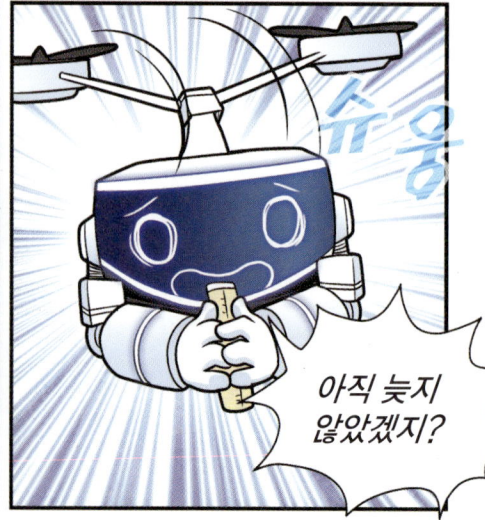

▶ 서두르다 : 일을 빨리 해치우려고 급하게 바삐 움직이다.
▶ 머릿수 : 사람의 수.

▶ 난해하다 : 뜻을 이해하기 어렵다.
▶ 소음 : 불규칙하게 뒤섞여 불쾌하고 시끄러운 소리.

▶저택 : 규모가 아주 큰 집.
★프로그램 : program. 컴퓨터를 실행시키기 위해 차례대로 작성된 명령어 모음.

▶ **집중** : 한 가지 일에 모든 힘을 쏟아부음.
▶ **개시** : 행동이나 일 따위를 시작함.

인포그래픽 핵심 과학

가상 현실의 역사

19세기, 360° 경치를 모두 담아 내는 '파노라마' 개발

1838년, 입체경인 '스테레오스코프' 개발

1929년, 항공기 조종 시뮬레이터인 '링크 트레이너' 보급

1960년, 최초의 HMD인 '텔레스피어 마스크' 개발

1950년대, 1인 입체 영상 시청 장치인 '센소라마' 발명

1935년, 소설 〈피그말리온의 안경〉에 가상 현실 개념 첫 등장

1968년, 이반 서덜랜드가 최초의 HMD 형태의 가상 현실 기기 제작

1995년, 최초의 가상 현실 게임기 '버추얼 보이' 개발

1999년, 영화 '매트릭스' 개봉으로 가상 현실 붐 일어남

가상 현실은 게임, 의료 등 다양한 분야에서 발전하고 있어.

2000년대, 다양한 가상 현실 체험 기기 개발

가상 현실 디스플레이 장치

가상 현실의 대표적인 디스플레이 장치는 안경처럼 머리에 쓰고 영상을 보는 HMD 형태의 제품이다. 대표적인 HMD인 오큘러스 VR의 구조를 알아보자.

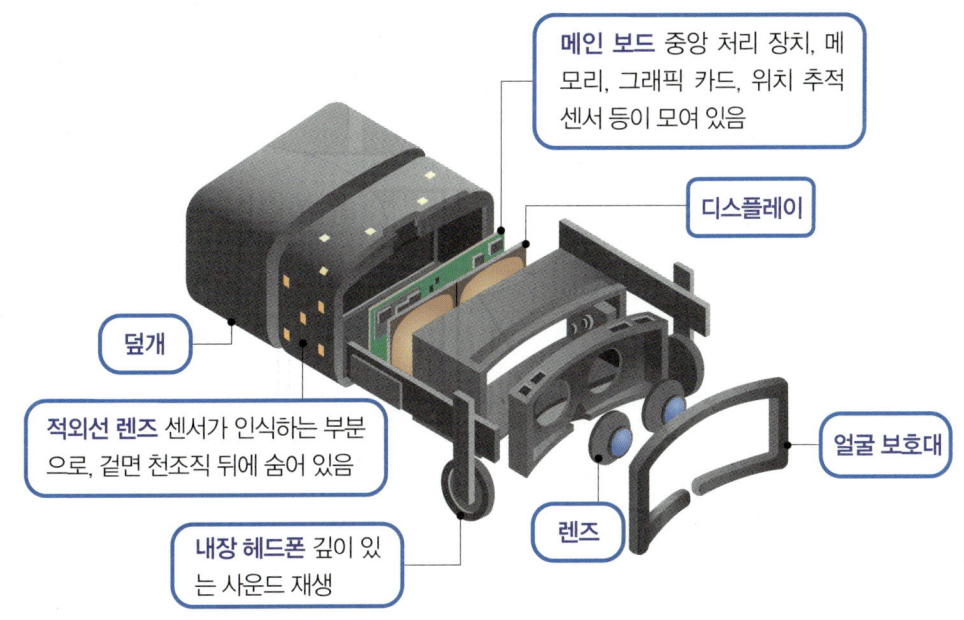

- **메인 보드** 중앙 처리 장치, 메모리, 그래픽 카드, 위치 추적 센서 등이 모여 있음
- **디스플레이**
- **덮개**
- **적외선 렌즈** 센서가 인식하는 부분으로, 겉면 천조직 뒤에 숨어 있음
- **렌즈**
- **얼굴 보호대**
- **내장 헤드폰** 깊이 있는 사운드 재생

가상 현실을 실감나게 해 주는 보조 장치

체험자가 현실 공간에서 느끼는 감각을 가상 현실 공간에서도 똑같이 느낄 수 있도록 움직임을 감지하고 압력을 느끼게 해 주는 여러 장치가 개발되었다.

테슬라 수트　　가상 현실 운동 기구　　드론 원격 조종 장치

플러스 통합 과학

인물로 정보통신 읽기 이반 서덜랜드가 만든 초창기 HMD는 어떤 모습이었을까?

HMD(Head Mounted Display, 헤드 마운티드 디스플레이)는 1960년 대에 처음 등장했어요. 1966년부터 1968년까지 하버드 대학교에서 전기공학과 부교수로 재직한 이반 서덜랜드와 그의 제자 밥 스플로울에 의해 개발되었지요.

이 장치는 아주 단순한 구조로 구성되었는데, 양쪽 눈과 머리의 움직임을 추적하는 기계식 장치 등으로 이루어져 있었어요. 이 장치로 만들어낸 화면은 고작 허공에 몇 개의 선으로 이뤄진 입체 도형을 띄우는 것이 전부였지만, 그럼에도 이반 서덜랜드의 HMD 개발이 의미 있는 것은 모니터 화면을 벗어난 사용자가 컴퓨터 세상에 직접 들어가 여러 프로그램을 제어할 수 있다는 개념을 만들어냈기 때문입니다. 이러한 기술이 점점 발전해 오늘날 우리가 즐겨 하는 가상 현실 게임이 탄생한 것이지요.

▲ 이반 서덜랜드가 개발할 당시 HMD는 천장에 부착해서 사용하는 방식이었다.

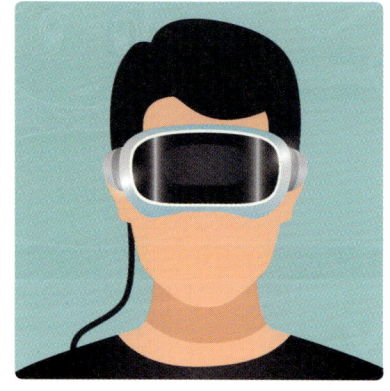
▲ 기술의 발달을 통해 과거에 비해 HMD 모양이 많이 단순해지고, 가벼워졌다.

이반 서덜랜드가 고안한 HMD는 오늘날 디스플레이 기술, 특히 게임 분야에서 새로운 장르를 개척하는 데 큰 몫을 하고 있어요. 사용자의 시선을 따라 화면이 움직이는 것은 물론, 이제는 소리의 움직임과 냄새까지 포착해 조금 더 몰입도가 향상된 가상 환경을 만들어내고 있답니다. 다만 멀미와 어지러움과 같은 부작용을 발생시키는 HMD는 우리가 해결해야 하는 과제이기도 합니다.

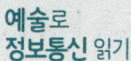예술로 정보통신 읽기

HMD가 '다모클레스의 검'이라 불린 이유는 무엇일까?

1960년대 후반 HMD가 개발되었을 당시, 천장에 부착해서 사용하는 이 거대한 기기를 본 많은 사람이 실제 이름 대신 '다모클레스의 검'이라고 불렀어요. 그렇다면 다모클레스의 검이란 무엇일까요?

고대 그리스의 디오니시우스 왕은 신하 다모클레스가 왕의 권력과 부유함을 부러워하자 그에게 왕의 자리에 앉아볼 것을 제안했어요. 다모클레스는 기꺼이 이 제안을 받아들여 왕좌에 앉았고, 일인자의 권력을 만끽했지요. 그러다 어느 순간 머리 위를 올려다본 다모클레스는 한 가닥 말총에 매달린 날카로운 칼이 자신의 머리를 겨냥하고 있는 모습을 보았어요. 몹시 놀라 왕좌에서 멀리 도망친 다모클레스는 이후 다시는 왕의 권력과 부를 탐하지 않았습니다.

이 이야기에서 천장에 매달린 검이 상징하는 것은 최고의 권력자일지라도 늘 긴장해야 한다는 점이에요. 서양에서는 '권력의 무상함과 위험'을 강조한 속담으로 이용되는데, **HMD는 이런 숨은 뜻과는 전혀 관계없이 천장에 매달려 있는 모습 때문에 다모클레스의 검이라는 별명이 붙여졌답니다.**

▲ 1812년에 그려진 〈다모클레스의 검〉

▲ 1961년 유엔 총회 연설에서 미국의 전 대통령 존 F. 케네디가 핵 전쟁의 위험성을 강조하는 수단으로 다모클레스의 검을 언급하여 더욱 유명해졌다.

5장 가상 현실은 어떻게 활용되고 있을까?

▶ 굿 아이디어 : good idea. 좋은 생각.
▶ 연기 : 무엇이 불에 탈 때에 생겨나는 흐릿한 기체나 기운.

▶ 강풍 : 세게 부는 바람.
▶ 통과 : 검사, 시험 등에서 해당 기준이나 조건에 맞아 인정되거나 합격함.

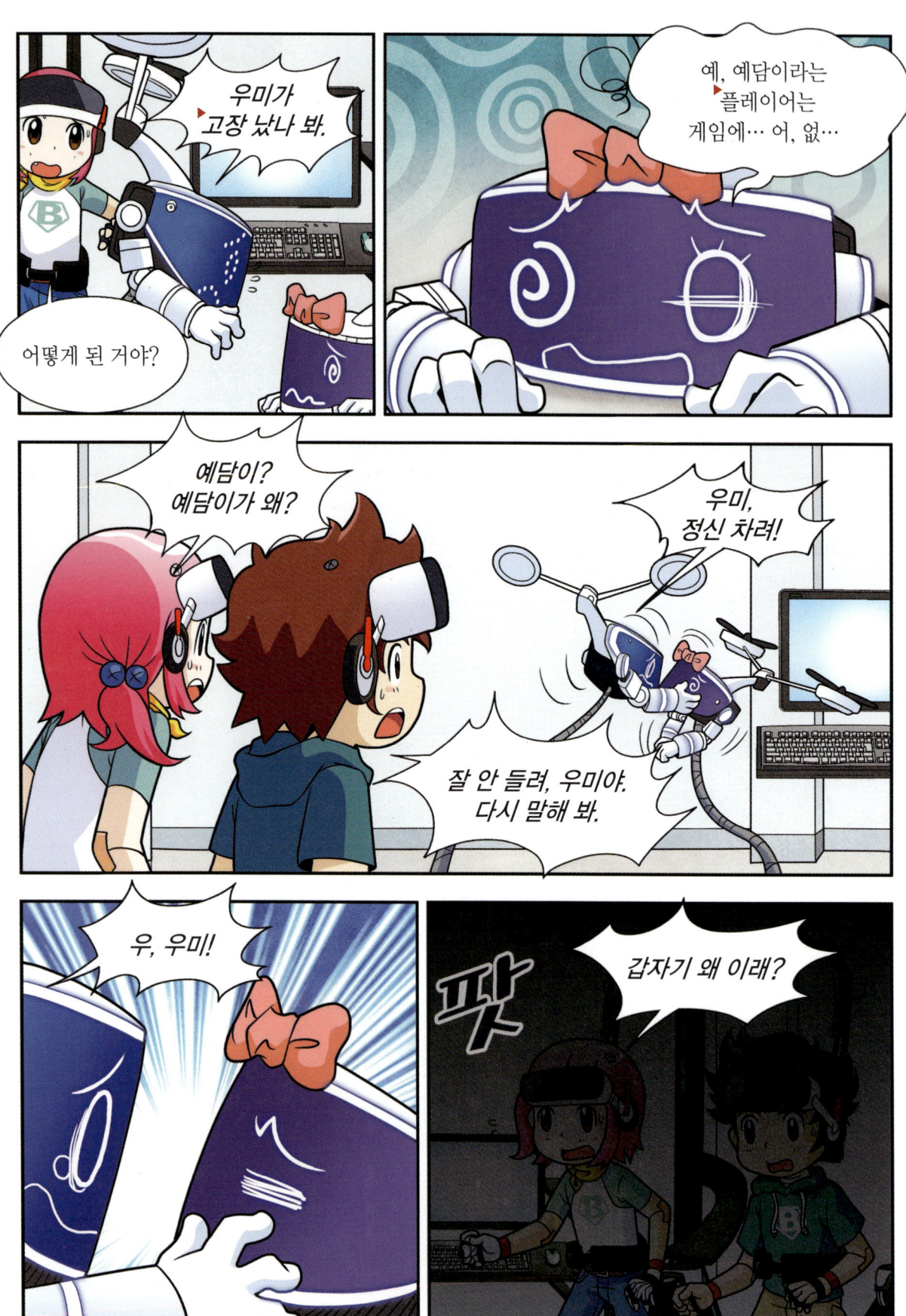

▶고장 : 기구나 기계가 제대로 움직이지 못하게 되는 기능상의 장애.
▶플레이어 : player. 참가자.

▶ 정전 : 오던 전기가 끊어짐.
★ 오류 : 소프트웨어의 잘못 때문에 생기는 계산값과 참값의 오차.

▶ 수포 : 노력이 헛되게 된 상태를 비유적으로 이르는 말.
▶ 수리하다 : 고장 나거나 허름한 데를 손보아 고치다.

▶ 유니폼 : uniform. 학교나 회사 등에서 정해진 규정에 따라 입도록 한 옷.
▶ 마네킹 : mannequin. 의류를 파는 가게에서 선전하기 위하여 옷을 입혀 놓는 사람 모형.

149

▶ 물러나다 : 있던 자리에서 뒷걸음으로 피하여 몸을 옮기다.
▶ 머물다 : 도중에 멈추거나 일시적으로 어떤 곳에 묵다.

▶ 스프레이 : spray. 머리를 원하는 모양으로 고정하는 데 쓰는 미용 재료.
▶ 초 : 불빛을 내는 데 쓰는 물건의 하나.

▶ [152쪽] 성냥 : 마찰에 의하여 불을 일으키는 물건.
▶ [152쪽] 가연성 : 불에 잘 탈 수 있거나 타기 쉬운 성질.

▶ 엘리베이터 : elevator. 동력을 사용하여 사람이나 화물을 아래위로 나르는 장치.
▶ [155쪽] 십년감수 : 수명이 십 년이나 줄 정도로 위험한 고비를 겪음.

▶ 공구실 : 공구들이 마련되어 있는 방.
▶ 공구 : 물건을 만들거나 고치는 데에 쓰는 기구나 도구를 통틀어 이르는 말.

▶ **지도** : 지구 표면을 일정한 비율로 줄여, 이를 약속된 기호로 평면에 나타낸 그림.
▶ **내부** : 안쪽의 부분.

▶ [156쪽] 유용 : 쓸모가 있음.
▶ 천국 : 어떤 제약도 받지 않는 자유롭고 편안한 곳. 또는 그런 상황.

158
▶ 챙기다 : 필요한 물건을 찾아서 갖추어 놓거나 무엇을 빠뜨리지 않았는지 살피다.
▶ 일지 : 그날그날의 일을 적은 기록.

▶ [158쪽] **지렛대** : 무거운 물건을 움직이는 데에 쓰는 막대기.
▶ [158쪽] **단순** : 복잡하지 않고 간단함.

▶ 비추다 : 빛을 내는 대상이 다른 대상에 빛을 보내어 밝게 하다.
▶ 화력 : 불이 탈 때에 내는 열의 힘.

▶ 타다 : 불씨나 높은 열로 불이 붙어 번지거나 불꽃이 일어나다.
▶ 음침하다 : 분위기가 어두컴컴하고 스산하다.

▶ **4D 영화** : 4 Dimensional Movie. 시각, 청각에 물리적인 움직임이나 다른 감각 등을 보태어 만든 영화.

▶[162쪽] 상호 작용 : 생물체 한 부분의 기능과 개체의 기능 사이에서 서로 이루어지는 일정한 작용.

> 정말이네! 그런데 뭘 하는 거지?

> 저건 가상 현실을 이용해 어렵고 복잡한 수술을 미리 체험해 보는 거야.

> 실전처럼 연습할 수 있으니 사람을 상대로 실제 수술을 할 때 도움이 되겠다!

▶ 라이브 영상 의료 분야에 도움을 주는 가상 현실

가상 현실 기기의 활용 범위가 의료 분야에까지 확장되고 있다. 가상 수술 실습을 통해 의학을 전공하는 학생뿐 아니라, 경험이 부족한 ▶전공의 역시 정밀한 수술 과정을 체험할 수 있다. 이 외에도 ▶트라우마 극복이나 ▶재활 등의 환자 치료 과정에서 가상 현실이 이용되고 있다.

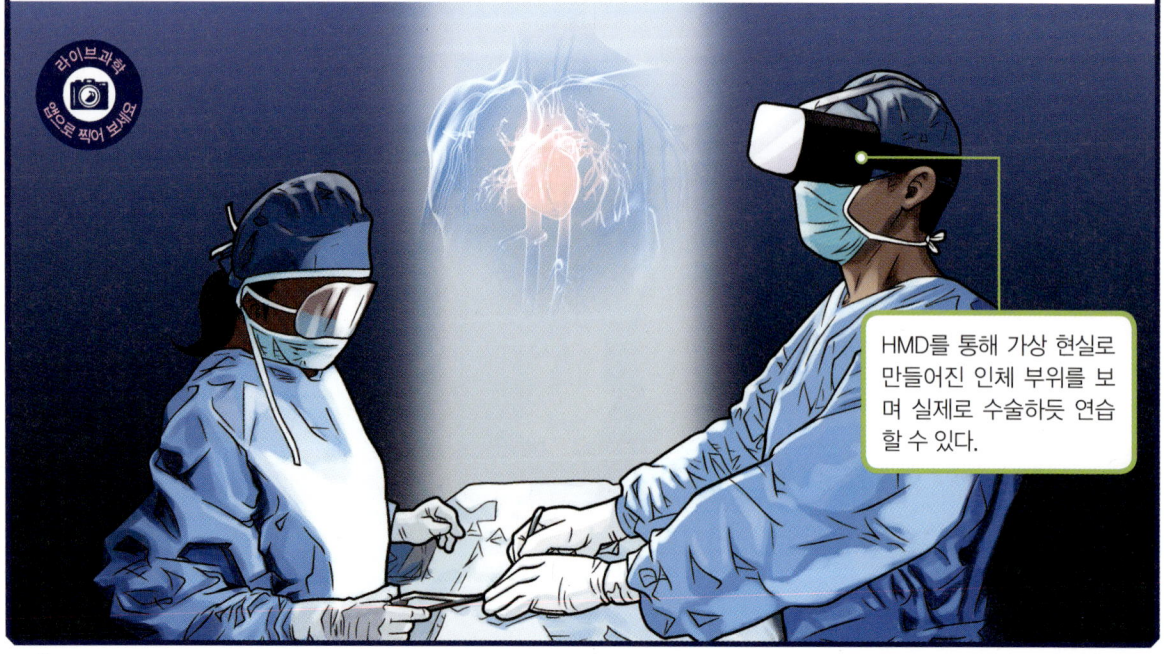

HMD를 통해 가상 현실로 만들어진 인체 부위를 보며 실제로 수술하듯 연습할 수 있다.

▶ **전공의** : 전문 의사 자격을 얻기 위하여 병원에서 일정 기간 임상 수련을 하고 있는 의사.
▶ **트라우마** : trauma. 강력한 정신적 충격으로 인해 발생하는 정신 건강 질환.

▶ [164쪽] 재활 : 신체장애자가 장애를 극복하고 생활함.
▶ 심정지 : 심장이 수축하지 않아 혈액 공급이 완전히 멎은 상태.

▶ 깨어나다 : 잃었던 의식을 되찾아 가다.
▶ [167쪽] 응답 : 부름이나 물음에 응하여 답함.

▶ **홈런** : home run. 야구에서, 타자가 친 공이 외야 펜스(울타리)를 넘어가거나 타자가 포수가 있는 홈 베이스를 밟을 수 있는 안타.

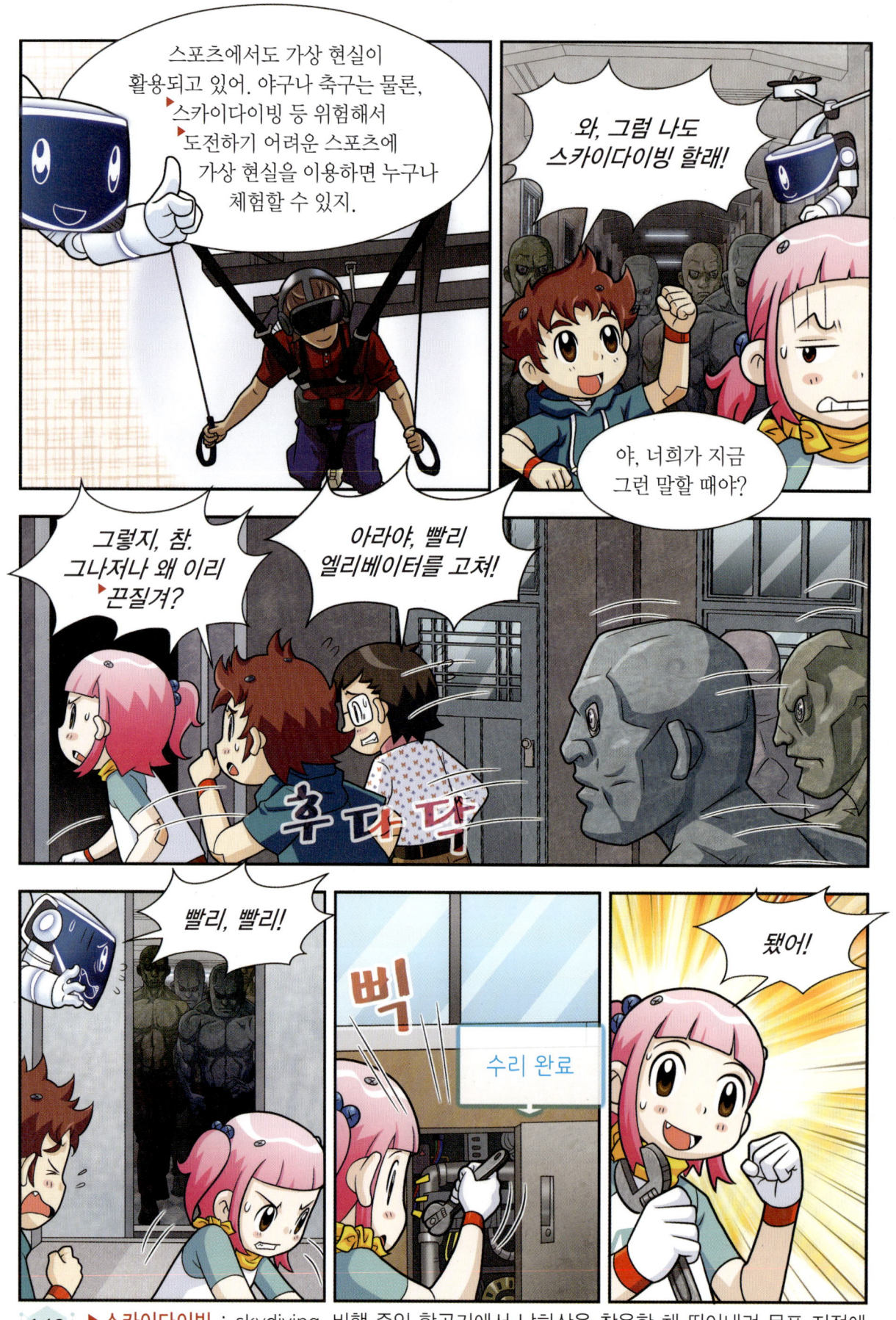

▶ 스카이다이빙 : skydiving. 비행 중인 항공기에서 낙하산을 착용한 채 뛰어내려 목표 지점에 정확히 착지하는 것을 겨루는 경기.

▶ [168쪽] 도전하다 : 어려운 기록 경신 등에 맞서다.
▶ [168쪽] 끈질기다 : 끈기 있게 질기다.

▶ 갇히다 : 벽이나 울타리가 있는 일정한 장소에서 밖으로 나오지 못하다.
▶ 산 넘어 산 : 고생이 갈수록 점점 더 심해짐을 이르는 속담.

▶ **소름** : 춥거나 무섭거나 징그러울 때 살갗이 오그라들며 겉에 좁쌀 같은 것이 도톨도톨하게 돋는 것.

▶**두꺼비집** : 일정 크기 이상의 전류가 흐르면 자동적으로 녹아서 전류를 차단하는 퓨즈가 내장된 안전장치. 주로 가정이나 적은 용량의 전류를 사용하는 곳에 설치함.

▶ [172쪽] 이상 : 평소와는 다른 상태.
▶ [172쪽] 코앞 : 코의 바로 앞이라는 뜻으로, 아주 가까운 곳을 이르는 말.

▶ 정비 : 기계나 설비가 제대로 작동하도록 보살피고 손질함.
▶ 홀로 : 자기 혼자서만.

▶ **버티다** : 어려운 일이나 외부의 압력을 참고 견디다.
▶ **그사이** : 조금 멀어진 어느 때부터 다른 어느 때까지의 비교적 짧은 동안.

▶ 눈부시다 : 빛이 아주 아름답고 황홀하다.
▶ 무사하다 : 아무 탈 없이 편안하다.

▶ [176쪽] 완수 : 뜻한 바를 완전히 이루거나 다 해냄.
▶ 임무 : 맡은 일. 또는 맡겨진 일.

▶ 또래 : 나이나 수준이 서로 비슷한 무리.
▶ 자재 : 무엇을 만들기 위한 기본적인 재료.

008 가상 현실 증강 현실 끝

인포그래픽 핵심 과학

 가상 현실의 위험성

어지럼증, 두통, 시력과 청력 등의 건강 문제

무거운 장비로 인한 목, 어깨 등의 통증 유발

시야가 가려져 부상의 우려 있음

가상 현실 중독

 가상 현실의 해결 과제

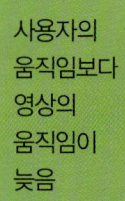
사용자의 움직임보다 영상의 움직임이 늦음

시간차

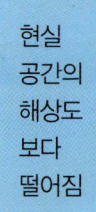
현실 공간의 해상도보다 떨어짐

현실

가상

선정성

폭력성

공포

언어의 부적절성

범죄 우려

일상 생활 속 가상 현실 활용

플러스 통합 과학

의료로 정보통신 읽기 가상 현실 기술로 환자를 치료할 수 있을까?

4차 산업의 핵심 기반인 가상 현실 기술은 이미 스포츠, 의료, 제조, 국방, 생활, 문화, 교육, 예술, 관광 등 다양한 분야에서 응용되고 있어요. 특히 의료, 국방 분야에서 콘텐츠를 지원하는 가상 현실 기술의 활약이 눈에 띕니다.

분야	활용 예
엔터테인먼트	게임·영화·스포츠 등의 체험형 콘텐츠, 1인칭 스포츠 관람
교육	박물관 체험, 우주 연구, 건축 설계, 화학 분자 설계
국방	군사용 모의 전투 훈련
의료	가상 수술, 원격 진료, 해부학, 정신 장애 치료, 재활 치료
제조	제품 체험형 마케팅, 로봇 원격 조종을 통한 제조 공정

▲가상 현실을 활용한 산업 분야

의료 분야에서는 신체 마비 증상으로 재활 치료가 필요한 환자에게 가상 현실 기술이 큰 도움을 주고 있어요. 재활 프로그램 기기를 재생하면 모니터에 가상의 바닷속 세계가 펼쳐지고, 물고기를 잡으라는 임무가 주어지지요. 임무를 수행하기 위해 팔이나 다리를 이리저리 움직이다 보면 자연스럽게 환자의 몸에 점차 힘이 생깁니다. 힘든 동작을 반복적으로 시행해 지루하고 집중력이 떨어지던 기존의 재활 치료와 달리, **가상 현실 치료는 게임을 하듯 재미있게 몰입할 수 있기 때문에 많은 효과를 볼 수 있어요.** 특히 뇌출혈 등으로 사물을 분별하는 데 필요한 인지 능력 장애를 앓는 환자들의 집중력을 높이는 데 큰 도움이 된답니다.

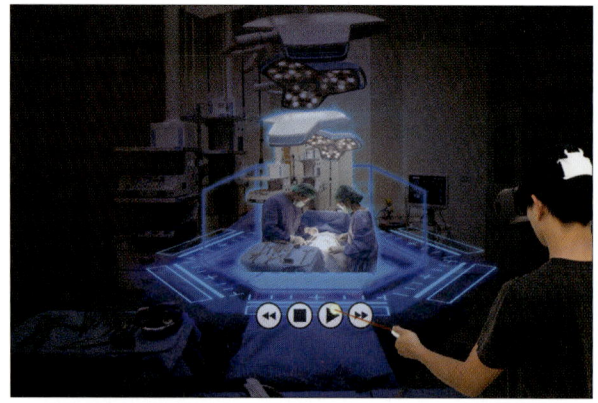

▲의사들은 가상 현실을 이용해 위험하거나 정밀함이 필요한 수술을 연습할 수 있다.

기술로 정보통신 읽기 | 가상 현실로 군사 훈련을 체험할 수 있을까?

군대에서 주기적으로 이루어지는 군사 훈련에는 막대한 비용이 들 뿐만 아니라, 예측할 수 없는 위험한 상황 때문에 군인들이 사고를 당하기도 해요. 또한 기상 상황에 따라 훈련 일정에 변화가 생긴다거나 반복적인 훈련으로 효과가 떨어지는 문제도 생길 수 있지요. 하지만 가상 현실 군사 훈련 시스템을 활용하면 이러한 문제점들을 해결할 수 있습니다.

▲가상 현실을 통한 전투 훈련

가상 현실 군사 훈련 시스템은 군인의 움직임을 그대로 훈련용 콘텐츠에 재현하여 실전과 같은 가상훈련 환경을 제공해요. 군인의 움직임은 몸에 부착한 센서와 카메라를 통해 정밀하게 파악할 수 있는데, 군인은 전 방향 이동 장치 위에서 원하는 방향으로 자유롭게 움직이며 실전 같은 훈련을 할 수 있지요. 특히 터널이나 땅굴처럼 실물로 재현하기 힘든 군사 훈련장을 가상 현실 기술로는 어렵지 않게 재현할 수 있기 때문에 군사 훈련에 유용하게 활용할 수 있답니다.

▲가상 현실을 통한 비행 훈련

가상 현실 비행 훈련의 다음 차례는 아라 님이시다.

도전! 과학 퀴즈

1번 아라가 가로세로 퍼즐을 풀고 있어요. 아라와 함께 퍼즐을 풀어 보세요.

	①이					
②톰					④내	
			③혼			
⑤증					션	

가로 열쇠
① 1968년, 최초의 가상 현실 시스템으로 평가받는 투구형 디스플레이를 만든 과학자이다.
② 1990년, '증강 현실'이라는 용어를 처음 사용한 보잉 사의 기술자로 항공기 조립을 설명하는 과정에서 가상 이미지를 첨가해 이를 증강 현실이라 불렀다.
⑤ 현실 세계에 컴퓨터 그래픽을 겹쳐 보여 주는 기술이다.

세로 열쇠
③ 현실 세계와 가상 세계가 혼합된 상태를 말한다.
④ 증강 현실을 이용해 길 찾기를 돕는 서비스이다.

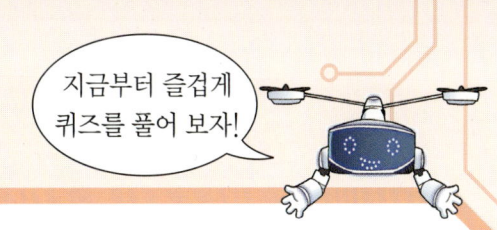

2번 누리를 도와 가로세로 퍼즐을 풀어 보세요.

① 증 ④ H
② 가
③ 센
⑤ 다

가로 열쇠

② 컴퓨터 그래픽을 통해 현실과 흡사하게 만들어 낸 가상의 세계를 보여 주는 기술이다.
③ 1950년대 발명된 최초의 가상 현실 기계로, 1인 입체 영상 시청 장치이다.
⑤ 천장에 부착해서 사용하는 초창기 HMD를 가리켜 '○○○○○의 검'이라고 부른다.

세로 열쇠

① 혼합 현실에 속하며, 가상 환경을 기반으로 현실 정보를 덧씌워 보여 주는 기술이다.
④ 안경처럼 머리에 쓰고 영상을 감상할 수 있는 영상 표시 기기이다.

도전! 과학 퀴즈

3번 다음 대화에서 제시한 내용과 관련 있는 것끼리 짝을 지으세요.

 컴퓨터 프로그램으로 만든 허구의 세계에 접속해서 실제 세계처럼 시각, 청각 등의 감각을 경험할 수 있어.   ①·

 실제로 존재하는 현실 공간에 홀로그램 등으로 가상의 물체를 겹쳐서 보여 주지.   ②·   ·㉠ 가상 현실

 현실 환경에 가상의 정보를 추가한 것으로, 스마트폰의 위치 기반 서비스 등에서 찾아볼 수 있어.   ③·

 이 기술을 이용한 게임을 하려면 별도의 기기를 구매해야 하고, 어지럼증 등 기술적인 단점이 있어.   ④·   ·㉡ 증강 현실

 이 기술을 적용한 대표적인 모바일 게임으로는 한때 세계적으로 유행했던 '포켓몬 고'가 있어.   ⑤·

이 정도는 풀 수 있겠지?

4번 아라와 누리는 무엇에 관해서 이야기하고 있을까요? 답 (   )

> 누리 : 이것을 착용하면 가만히 앉아서도 전 세계를 체험할 수 있어. 심지어 바닷속이나 먼 우주까지도 말이야!
> 아라 : 우아, 정말? 그런데 어떻게 착용하는 거야?
> 누리 : 간단해. 안경처럼 화면이 앞에 보이게끔 머리에 쓰면 돼. 말 그대로 '머리에 착용하는 기기'니까.
> 아라 : 완전히 시야를 차단하는구나. 이제 현실과는 전혀 다른 세상을 볼 수 있겠지?

① 프로젝션　　　② HMD
③ 스마트폰　　　④ 태블릿 PC

5번 가상 현실 공간 안의 물체를 실제처럼 건드리거나 잡을 수 있도록 해 주는 기기의 이름은 무엇일까요? 답 (   )

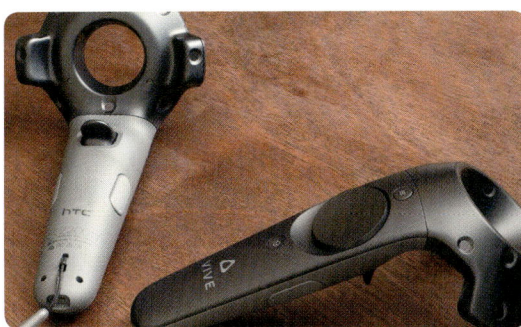

① 컨트롤러
② 4D
③ 전방위 트레드밀
④ 가속도 센서

도전! 과학 퀴즈

6번 다음 빈칸에 들어갈 알맞은 말은 무엇일까요? 답 (   )

기술이 발전함에 따라 직접 입어 보지 않아도 내게 꼭 어울리는 옷이 무엇인지 확인해 볼 수 있다. (   ) 센서가 있어서 거울에 비친 사용자의 신체 사이즈를 자동으로 측정해 옷을 실제로 입은 것처럼 보여 주는 (   )이 쇼핑을 더욱 간편하게 해 준다.

① 가속도 – 내비게이션
② 자이로 – GPS
③ 동작 인식 – 증강 현실 거울
④ 지자기 – 가상 현실 거울

7번 현실 세계와 가상 세계가 결합한 혼합 현실의 범위에 해당하는 것은 무엇일까요?   답 (   )

① 현실, 증강 현실　　　　② 증강 현실, 증강 가상
③ 증강 가상, 가상 현실　　④ 현실, 가상 현실

8번 다음 중 증강 현실에 대해 잘못 알고 있는 친구는 누구일까요?

답 (   )

아라 : 컴퓨터 그래픽을 통해 현실이 아닌 가상의 세계를 현실과 흡사하게 만들어 내어 사용자가 실제처럼 체험할 수 있도록 해 줘.
누리 : 증강 현실 기기는 가상 현실 기기에 비해 사용자의 시야를 가리지 않아.
예담 : 기기가 비교적 간단해서 이동하며 사용할 수 있지.

도전! 과학 퀴즈

9번 증강 현실이 정보를 투영하는 마커 인식 방식을 보고 빈 칸에 알맞은 말을 골라 보세요.   답 (   )

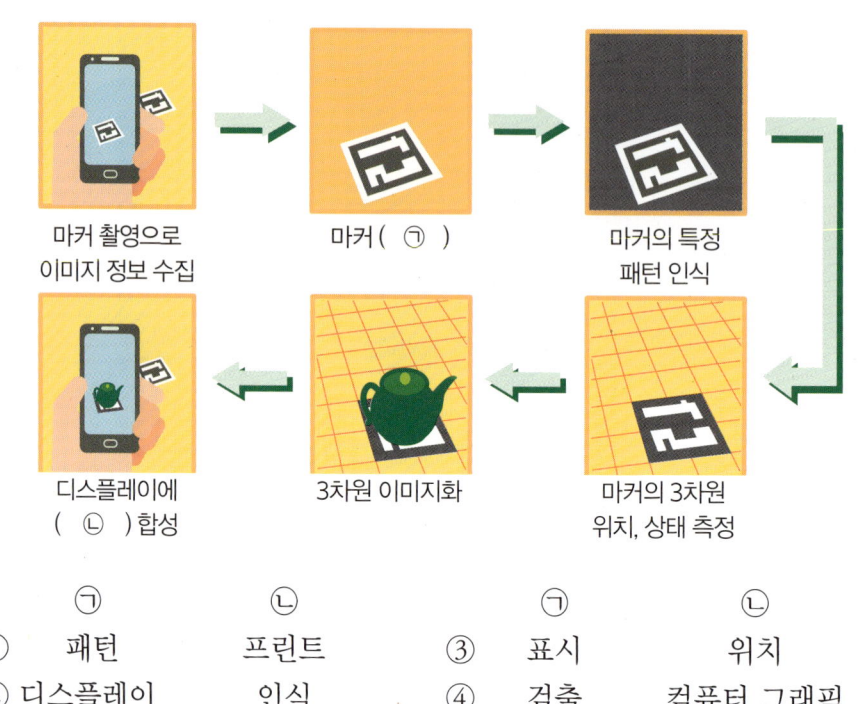

	㉠	㉡		㉠	㉡
①	패턴	프린트	③	표시	위치
②	디스플레이	인식	④	검출	컴퓨터 그래픽

10번 다음 설명을 듣고 무엇인지 이름을 맞춰 보세요.   답 (   )

빠른 응답을 얻을 수 있는 기호라는 뜻으로, 작은 점들이 모인 사각형 모양을 하고 있다. 이것을 휴대폰으로 찍으면 관련 웹 페이지나 동영상으로 바로 연결되기 때문에 최근에는 이벤트 페이지나 모임 안내 등 다양한 용도로 사용되고 있다.

① 점선 코드
② 네모 코드
③ 피알 코드
④ 큐알 코드

11번 아래 그림은 가상 현실의 영상 표시 장치인 HMD예요. HMD의 구조를 보며 각 부분의 명칭을 맞춰 보세요.

답( )

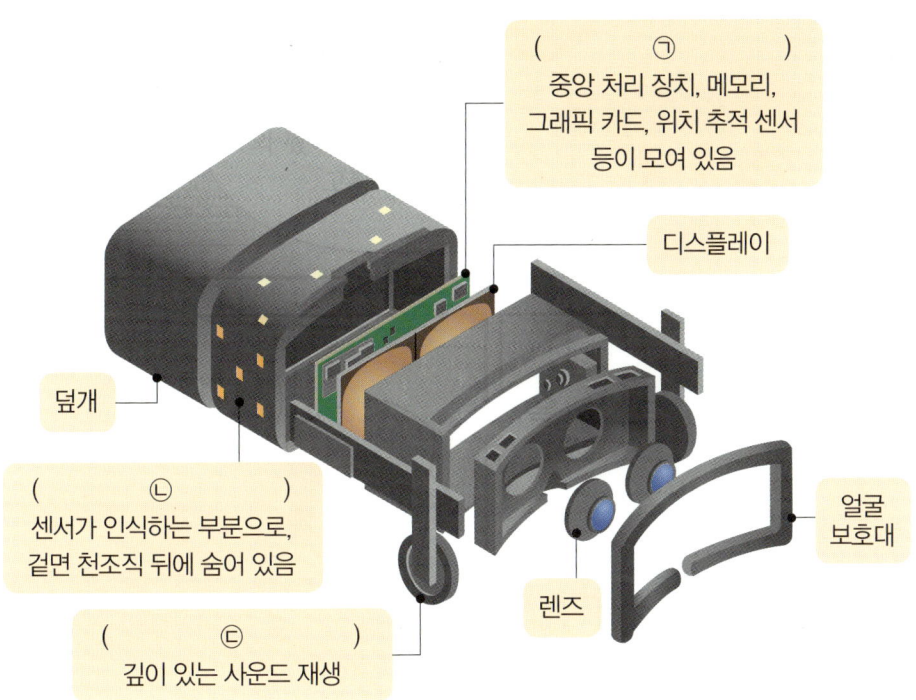

(㉠)
중앙 처리 장치, 메모리, 그래픽 카드, 위치 추적 센서 등이 모여 있음

디스플레이

덮개

(㉡)
센서가 인식하는 부분으로, 겉면 천조직 뒤에 숨어 있음

(㉢)
깊이 있는 사운드 재생

렌즈

얼굴 보호대

	㉠	㉡	㉢
①	적외선 렌즈	내장 헤드폰	메인보드
②	내장 헤드폰	메인보드	적외선 렌즈
③	메인보드	적외선 렌즈	내장 헤드폰
④	내장 헤드폰	적외선 렌즈	메인보드

우리가 쓰고 있는 HMD가 저렇게 이루어져 있구나!

도전! 과학 퀴즈

12번 다음 중 증강 현실의 특징이 <u>아닌</u> 것은 무엇일까요?   답 (   )

①
사용자 시야를 완전히 가린다.

②
길 안내를 돕는다.

③
실시간 번역이 가능하다.

④
모임 장소의 제약이 없다.

13번 가상 현실의 해결 과제 중 하나예요. 다음 빈칸에 들어갈 알맞은 단어는 무엇일까요?   답 (㉠   ㉡   )

사용자의 (㉠)보다 영상의 움직임이 늦음 / 시간차

현실 공간의 (㉡)보다 떨어짐 / 현실 / 가상

〈보기〉
사물 / 움직임 / 청각 / 해상도

14번 겁 많은 리얼이 미로에 갇혔어요. 리얼을 위해 가상 현실의 해결 과제를 따라서 길을 찾아 주세요.

도전! 과학 퀴즈

15번 가상과 현실의 벽을 줄이기 위해 개발된 기기들입니다. 아래 그림을 보고 사람의 인지 체계와 관계 있는 것을 골라 보세요.   답 (   )

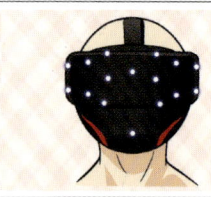		
시각, (㉠), 후각을 자극하는 헬멧형 기기	(㉡)을 담당하는 장갑	(㉢)을 자극하는 테이스트 기기

	㉠	㉡	㉢		㉠	㉡	㉢
①	청각	미각	촉각	②	촉각	미각	청각
③	청각	촉각	미각	④	미각	청각	촉각

16번 가상 현실, 증강 현실의 이용과 그 설명이 올바른 것끼리 연결하세요.

 ① •   • ㉠ 가상 현실을 이용한 모의 훈련

 ② •   • ㉡ 증강 현실을 이용한 모바일 게임

 ③ •   • ㉢ 쇼핑을 편리하게 해 주는 증강 현실

17번 아라와 예담이의 대화입니다. 아라가 가상 현실 멀미를 예방할 수 있도록 예담이는 어떤 조언을 해야 할까요? 빈칸에 들어갈 알맞은 말을 생각해 적어 보세요.

> 아라 : 어제 놀이공원에서 가상 현실 롤러코스터를 탔는데, 실제로 타고 있는 듯한 착각이 들 정도로 짜릿했어.
> 예담 : 정말 생생한 체험을 한 모양이구나!
> 아라 : 그런데 체험이 끝나고 나니까 머리가 멍한 게, 어지럽고 속이 메스꺼워서 좀 힘들었어. 이런 불쾌한 느낌을 받지 않으려면 어떻게 해야 할까?
> 예담 : _____
> 아라 : 아하! 그러면 되겠네. 너무 체험에 몰입한 나머지 깜빡하지 않도록 꼭 기억해 두어야겠어.

___

___

___

도전! 과학 퀴즈 정답과 해설

1번

	①이	반	서	덜	랜	드
②톰	코	델			④내	
			③혼		비	
			합		게	
			현		이	
⑤증	강	현	실		션	

2번

①증					④H	
강					M	
②가	상	현	실		D	
상						
			③센	소	라	마
		⑤다	모	클	레	스

3번 답 ①-㉠, ②-㉡, ③-㉡, ④-㉠, ⑤-㉡

증강 현실은 실제 존재하는 환경에 가상의 이미지를 겹쳐 보여 주지만, 가상 현실은 완전히 가상의 이미지만을 보여 준다. 새로운 환경을 보여 주어야 하기에 특수 기기가 필요한 가상 현실과 달리 증강 현실은 스마트폰 앱으로 바로 실행할 수 있다.

4번 답 ②

HMD(Head Mounted Display)는 안경처럼 머리에 쓰고 영상을 감상할 수 있는 영상 표시 기기이다.

5번 답 ①

컨트롤러는 동작을 감지하여 가상 공간에 반영해 준다.

6번 답 ③

증강 현실 거울은 거울에 비친 사용자의 모습에 가상의 옷을 자동으로 입혀 준다.

7번 답 ②

혼합 현실은 현실과 가상 세계가 합쳐진 증강 현실, 증강 가상을 말한다.

8번 답 **아라**

증강 현실은 실제 이미지에 컴퓨터 그래픽을 겹쳐 보여줌으로써 추가 정보를 제공한다.

9번 답 ④

증강 현실을 투영하는 마커 인식 방식은 특정 패턴이나 모양을 인식해서 그 자리에 시각화된 정보를 표시하는 것이다.

도전! 과학 퀴즈 정답과 해설

10번 답 ④
큐알 코드(Quick Response Code)는 많은 정보를 담을 수 있는 2차원 코드로, 스캔하면 각종 정보를 제공받을 수 있다.

11번 답 ③
HMD는 메인보드와 적외선 렌즈, 내장 헤드폰, 덮개, 디스플레이, 렌즈 등으로 이루어져 있다.

12번 답 ①
증강 현실은 현실 공간에 가상 이미지를 겹쳐 보여 주기 때문에 시야를 완전히 가리지 않는다.

13번 ㉠ **움직임**, ㉡ **해상도**
사용자의 움직임보다 반응 속도가 느리고 이미지의 해상도가 낮다.

14번

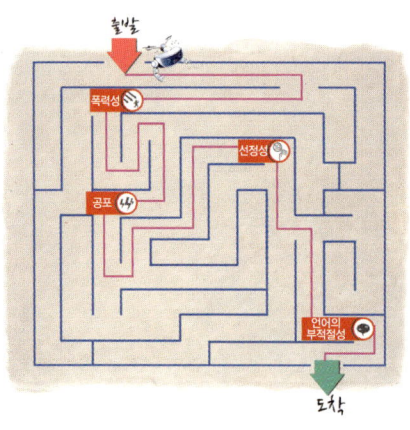

15번 답 ③
가상 공간과 현실 공간의 경계를 낮추기 위해 시각, 청각, 후각, 촉각, 미각을 자극하는 기기들이 연구·개발 중이다.

16번

답 ①-ⓒ, ②-ⓒ, ③-㉠

증강 현실은 스마트폰으로 실행할 수 있어서 이동하면서도 사용이 가능하다. 가상 현실은 군사 훈련이나 환자 치료 등 위험한 상황이나 정밀함을 필요로 하는 실험에 많이 사용된다.

17번

답 (예시)

가상 현실 멀미를 방지하기 위해 HMD는 15분 이상 사용하지 않도록 해.

자료 제공

사진 출처 18 포켓몬 고·픽사베이 32 증강 현실 내비게이션·셔터스톡 33 증강 현실 앱·위키피디아 Aboheshem 64 포켓몬 고·셔터스톡, 증강 현실 앱·위키피디아 Hagustin 65 증강 현실 가구·위키피디아 ChristinaC. 107 증강 현실 작업 과정·셔터스톡, 가상 현실 놀이기구·위키피디아, 증강 현실 안내 서비스·위키피디아 Marco Verch 143 다모클레스의 검·위키피디아, 존 F. 케네디·위키피디아 182 가상 현실 수술·셔터스톡 183 가상 현실 전투·위키피디아, 가상 현실 비행 훈련·위키피디아 187 컨트롤러·위키피디아 CULLEN STEBER 195 롤러코스터·위키피디아

이 책에 사용한 모든 자료의 출처를 밝히기 위해 노력하였습니다. 누락되거나 잘못된 점이 발견되면 바로잡겠습니다.

천재교육

인물을 파악하면 역사가 보인다!
LIVE 한국사

2016 소년조선일보 올해의어린이책 **대상**

- 증강 현실 역사카드 포함
- 세트 구매 시 대형 연표, 문제집 증정

초등 전 학년 | 200쪽 | 양장

LIVE 한국사 하나면 한국사능력검정시험 준비 끝!

LIVE 한국사 시리즈 (전 20권)

- 1권 선사 시대와 고조선
- 2권 고구려의 성장과 쇠퇴
- 3권 백제의 찬란한 문화
- 4권 신라의 발전
- 5권 통일신라와 발해
- 6권 고려의 건국
- 7권 무신 정권과 천민의 난
- 8권 고려의 쇠퇴
- 9권 조선의 건국과 발전
- 10권 훈구와 사림의 대립
- 11권 임진왜란 전후의 상황
- 12권 병자호란과 북벌
- 13권 실학과 서민 문화
- 14권 빗장을 연 조선과 계몽사상
- 15권 개화기와 독립 협회
- 16권 독립운동과 계몽사상
- 17권 무장 독립운동
- 18권 광복과 대한민국 임시 정부
- 19권 6.25와 경제 개발 계획
- 20권 대한민국의 발전